孩子不仅给我们带来了快乐，
更重要的是他们把我们重新引入真、善、美的世界

立 品 图 书 · 自觉 · 觉他
www.tobebooks.net
出 品

学习易經文化
要从娃娃抓起

甲午夏月

龚心瀚

龚心瀚印

三字易經

龚心瀚题

张树旗 著

张心静 译·注·图

深圳报业集团出版社
SHENZHEN PRESS GROUP PUBLISHING HOUSE

责任编辑：郭良原
特约编辑：草　原
装帧设计：尚上文化

图书在版编目（CIP）数据

三字易经／张树旗著；张心静译注图．-- 深圳：深圳报业集团出版社，2014.9

ISBN 978-7-80709-609-2

Ⅰ．①三…　Ⅱ．①张…　②张…　Ⅲ．①《周易》－少儿读物　Ⅳ．①B221-49

中国版本图书馆 CIP 数据核字（2014）第 208556 号

三字易经

San Zi Yi Jing

张树旗 著
张心静　译 · 注 · 图

深圳报业集团出版社出版发行
（518009　深圳市深南大道 6008 号）
三河市华晨印务有限公司印制　新华书店经销
2014 年 11 月第 1 版　2014 年 11 月第 1 次印刷
开本：787mm × 1092mm　1/16
印张：10.75　字数：100 千字
ISBN 978-7-80709-609-2　定价：38.00 元

目 录

序 言

学习《易经》要从娃娃抓起

从小学习《易经》，有利于孩子树立正确的人生观和价值观，同时还可以提高孩子的观察力、归纳力、想象力、创造力。他们将会受益终生。

为什么这么说呢？

第一，《易经》是世界上最古老的经书，它是古先贤观察自然的结果，学习《易经》可以培养孩子勤于观察、善于观察的好习惯，可以帮助孩子树立正确的世界观。

一谈到《易经》，人们就会想到卦，因为《易经》的主体就是卦。卦是古人测量日影、月影以及星象的结果。其中“卜”字中的一“竖”是测量日影的竿子，一“点”是日影，“圭”是测量这个影子长度的尺子。《周易·系辞传》曰：“古者包牺氏（伏羲氏）之王天下也，仰则观象于天，俯则观法于地，观鸟兽之文与地之宜，近取诸身，远取诸物，于是始作八卦，以通神明之德，以类万物之情。”这句话讲得很清楚，八卦不是空穴来风，它是伏羲氏观察自然的结果。伏羲氏的观察过程就是他创立八卦的过程。伏羲氏通过观察发现，宇宙万物非阴即阳，天有昼夜阴晴冷暖，人有男女，物有刚柔。宇宙之内无外乎天地人也。所以，他就用一条实线“▬”代表天，代表阳的物质和状态；用一条虚线“- -”代表属于阴的物质或者状态，然后把阴阳两种状态代入到“天地人”三才，就构成了代表宇宙万物的八卦。用八卦代表万物及其规律，这在当时实在是一个极大的创举，这一发明和创造开启了人类文明的新时代，一直影响到今天乃至未来。八卦的阴阳理论和辩证关系一直影响着后世哲学的发展。就连德国哲学家黑格尔在临终前也不得不叹息地说：“《易经》代表了中国人的智慧。我的正反合理论就是受到了它的影响。”马克思也有句话：“黑格尔是我的老师，我的辩证法就是受到了他正反合理论的影响。”由此，我们可以发现：《易经》对中国乃至世界哲学思想的巨大影响。它的唯物辩证法的哲学核心将继续影响整个世界。

8000 年前的伏羲氏，通过观察天地自然、日月星辰创立了阴阳八卦。因为没有文字，他只能用符号传递着文化与文明，教化着他的子民。所以，他被称为人类文明始祖。《道德经》中“一生二，二生三，三生万物，”其实是对《易经　八卦》的诠释。伏羲氏创立八卦之后 3000 年才有了文字，可见其他经书是无法和《易经》相比的。《易经》是符号学，它是用最简单的符号（阴阳两条线），表述了宇宙自然的规律性变化。通过八卦的来历，我们要让孩子明白：观察出真知，观察是基础，归纳是提高。古人用阴阳两条线就高度概括了宇宙物种之类别，用八个卦象就囊括了宇宙万物，这是多么高明的归纳能力啊！通过阴阳八卦的形成和内涵的教育，让孩子从小养成勤于观察、善于观察的好习惯，同时要培养他们善于总结归纳、勤于创造的好习惯。

第二，《易经》的核心是六十四卦象，通过学习认识卦象可以培养孩子的认知力和想象力。

我们今天所看到的《易经》读本都由两部分组成，一部分是六十四卦象，另一部分是文字部分，也就是对六十四卦象的诠释部分。简单地说，《易经》包含卦象和释象两部分。卦象是本，释象是末。六十四卦是由八卦组成的，八卦是由阴阳两条线组成的，认识阴阳之象，识别八卦之象是学好《易经》的基础。例如，兑卦（卦象）为少女、为泽、为羊。可以从它的象中联想到只要头上有角的动物，都属于兑卦；只要上面带口的，都属于兑卦。这样就可以让孩子充分地发挥想象，锻炼他们的想象能力，提高发散思维能力。

另外，结合本卦、变卦、互卦、错卦、综卦等变化规律，可以培养孩子的变通能力，以及多角度全方位分析问题的能力，乃至提高他们解决问题的能力。

第三，《易经》中所蕴含的道，博大精深，有利于孩子的道德教育和人生观价值观教育。

孔子说："易之为书也，广大悉备。有天道焉，有地道焉，有人道焉。"《易经》是以阴阳八卦为基础的，它认为有天地然后有万物，人与万物都是自然形成的，不是哪位神仙制造的，更没有什么天主之类的上帝。它讲的是日出东方、冬去春来，是不可违逆的自然规律。它让我们要"与天地合其德，与日月合其明，与四时合其序，"不要违背自然而做事。这就是一切从实际出发的实事求是的观点。从天地万物来自自然，到尊重自然，再到顺应自然而为之，这对孩子树立正确的世界观就非常重要。我们再从乾卦的纯阳进取精神和坤卦的厚德载物中，可以看到做人的贡献价值和奉献意义，这对孩子树立积极正确的人生观和价值观，将会起到根本性的指导作用。

毛泽东说过，《易经》讲一阴一阳之谓道，这是两点论，而形而上学是一点论。美国人运用了《易经》太极里的阴阳理论，阴阳在斗争中统一，在斗争中发展。在美国的文化里，强调的是直率与委婉、独立与合作、金钱与精神的对立统一。作为最高权力机构的国会，也必须由上院和下院两部分组成。同时美国在每一个行业里也决不允许垄断发展，必须要有竞争对手。他们认为，竞争才有动力。我们作为中国人，真的没有学好用好自己的《易经》文化。让孩子从小领会《易经》的真谛，真正把它的精髓用到工作和生活中，为振兴我们的民族发挥其应有的作用。

总而言之，孩子学习《易经》有百利无一害，从现在做起，功在当代，利在千秋。

鉴于此，我写了《三字易经》。

这个小册子，借用世人皆知的《三字经》的体例，每句三字，每行六句，每卦一行。全文共七十八行，一千四百零四字。第一二行写《易经》的来源和总体意义；第三到第十行写八个单卦的基本内容；第十一、十二行写的是从单卦到复卦的演变以及六十四卦的特点；第十三到第七十六行写六十四个复卦的基本含义，限于篇幅每卦只写出一个方面的内容特点；最后两行写的是循环往复、博大精深乃是宇宙规律，谁也无法全部认识和彻底理解。笔者力所能及地写出了《易经》的精华所在。从形式上看，这是个能够被普遍接受的形式，同时它朗朗上口利于记诵。写此书，旨在为普及《易经》，普及中华千年文明，普及中华民族的龙马精神尽一份微薄之力。

当然，由于笔者能力和知识水平所限，意愿美好，结果未卜。还望能够得到同道大家的鼎力支持。

借此机会，感谢我的兄长，《易经》专家张树钦先生，在成书过程中的关心和指导。

张树旗

2014 年 9 月

三字易经

古伏羲，观天地，绘河图，演太极，画八卦，文明启。
实为阳，虚为阴，成三才，天人地，类万物，涵数理。
乾三连，乾为天，乾为父，乾为刚，西北方，色白金。
坤六断，坤为地，坤为母，坤为顺，西南方，黄土地。
震仰盂，震为雷，震长男，震为动，东方木，阳升起。
艮覆碗，艮为山，艮少男，艮为止，东北方，土性依。
离中虚，离为火，离中女，离为艺，正南方，红色里。
坎中满，坎为水，坎中男，坎为曲，正北方，色为漆。
兑上缺，兑为泽，兑少女，兑为口，正西方，首饰金。
巽下断，巽为风，巽长女，巽属木，东南方，色为绿。
周文王，拘羑里，叠单卦，成复卦，六十四，卦相袭。
六爻卦，更详细，识上下，知用体，通变化，合实际。
乾元亨，万物始，初潜龙，性莫急，时机到，再腾飞。
坤利贞，顺承乾，怀八方，容古今，功盖世，己不欲。
屯初生，多磨砺，破厚土，涉山水，要成长，靠自己。
蒙教育，在母仪，尊个性，多启迪，指迷津，开智力。
需求雨，喻人欲，壑难平，推史进，财有道，正路取。
讼乃争，为财色，呼正道，要法律，利与义，要统一。
师为战，战必律，懂兵法，布大局，帅当先，永披靡。

比为和，水润地，爱民众，亲邻里，同发展，大国立。
小畜卦，讲文化，飘彩云，美天下，扬善德，成大家。
履为礼，从鞋起，千里行，足下起，不知礼，何以立？
泰长安，天地亨，阴阳交，上下通，顺民意，正作风。
否泰反，不祥瑞，阳上行，阴下沉，失交通，脱离中。
同人道，在大同，非山头，非同宗，怀天下，路子正。
大有成，在品行，贵不骄，重百姓，日中天，有光明。
谦德高，甘居下，不显山，古今夸，低调行，事业大。
豫乐享，载誉满，位不正，上下瞒，谗君主，众人烦。
随自然，识时务，人位变，方为亨，知活络，万事通。
蛊卦象，安现状，如器皿，久不荡，洁自身，心胸畅。
临下沉，深扎根，近平民，得人心，知真情，长智慧。
观是管，号令显，用祭祀，一统天，做榜样，行示范。
噬嗑法，有威严，抓要害，牛鼻牵，惩不贷，保民安。
贲似面，人重脸，每天洗，修完善，德治国，誉满天。
剥是门，防邪侵，立冬至，天下阴，锁门户，修本根。
复元始，地中雷，乾初交，布祥云，冰雪化，春水临。
无妄为，尚无为，承天意，依君愿，谋事前，找本源。
大畜德，涵养高，平天下，是英豪，天外山，有节操。

颐为养，要强健，欲养身，心地宽，首养性，善为先。
大过卦，似只船，帝在舟，摇不断，小人陷，君子险。
坎重坎，水涟涟，去上下，露笑脸，困境中，不悲观。
离为日，双日现，明治国，公平显，必昌盛，火通天。
咸下经，痴少男，求偶配，跪人前，感少女，婚姻连。
恒长久，风雷走，夫唱歌，妇拍手，内外别，到白头。
遁在山，有遗篇，说亢龙，依时断，激流退，美名传。
大壮猛，种羊拴，牛长大，不让牵，强不中，羝触藩。
晋日出，地平线，阳光下，雨露涵，润万物，福永远。
明夷卦，与晋反，日落下，不见天，黑暗中，实力潜。
家人和，沐春风，寒夜里，有温暖，男女贞，永相安。
睽象奇，瞪双眼，为何事，泪涟涟，锅在下，位置反。
蹇出塞，万重山，河千条，举步艰，苦中乐，景无限。
解旱情，得民意，雷鸣后，天大雨，震四方，航标立。
损自泰，钱上移，九三升，上六沉，民补君，祸来临。
益警上，利下移，补百姓，破否局，走基层，官亲民。
夬仰面，非长啸，非短叹，似大呼，象观天，孰能辨？
姤为后，是皇后，此女子，胜五男，旺夫者，国运添。
萃祭祀，用牛羊，大牲畜，最吉祥，万民聚，看君王。
升地下，木植根，春风吹，破土临，细雨来，遍地芸。

困于水，漂铁盆，风浪打，加雨淋，人生短，志永存。
井蓄水，为养人，流不断，常淘新，淤泥生，不清纯。
革创新，是根本，火焰上，罐中品，进为生，出已饪。
鼎风火，气呈旺，柴不断，炼成钢，能佑主，国栋梁。
震发动，撼天地，山在摇，水四溢，君临危，不畏惧。
艮大山，紧相连，喻学习，无止境，为学进，为道减。
归妹急，少女归，三四交，泰卦临，欲永泰，全在人。
渐风山，木生巅，飞鸟来，栖树间，环境美，是关键。
丰硕果，说雷火，龙图志，虎辅佐，闪电间，黄金锁。
旅非游，君莫嫌，公堂上，镜高悬，吃得苦，做清官。
巽有顺，要净根，先有坎，后悦心，政令行，在民本。
兑双口，重交流，心相通，言必信，有诚意，友谊真。
涣为散，起波澜，大水中，乘大船，横流时，本色显。
节有序，慢慢滴，莫急躁，有条理，一缸水，碗来取。
中孚命，装百姓，谁为佛？在底层，国为魂，民为灵。
小过卦，心太满，不谦虚，必有坎，换位后，笑开颜。
既济运，大平安，阴阳位，各在天，安思危，预防患。
未济返，阴阳巅，火在上，水在下，难相融，不相干。
天下事，重来演，古到今，皆循环，时空大，说不完。
说易难，说易繁，识卦象，知数变，明六位，宇宙简。

《三字易经》译注

第一部分

河图、太极、八卦

		天	☰	泽	☱	火	☲	雷	☳	风	☴	水	☵	山	☶	地	☷
天	☰	䷀	乾	䷉	履	䷌	同人	䷘	无妄	䷫	姤	䷅	讼	䷠	遁	䷋	否
泽	☱	䷪	夬	䷹	兑	䷰	革	䷐	随	䷛	大过	䷮	困	䷞	咸	䷬	萃
火	☲	䷍	大有	䷥	睽	䷝	离	䷔	噬嗑	䷱	鼎	䷿	未济	䷷	旅	䷢	晋
雷	☳	䷡	大壮	䷵	归妹	䷶	丰	䷲	震	䷟	恒	䷧	解	䷽	小过	䷏	豫
风	☴	䷈	小畜	䷼	中孚	䷤	家人	䷩	益	䷸	巽	䷺	涣	䷴	渐	䷓	观
水	☵	䷄	需	䷻	节	䷾	既济	䷂	屯	䷯	井	䷜	坎	䷦	蹇	䷇	比
山	☶	䷙	大畜	䷨	损	䷕	贲	䷚	颐	䷑	蛊	䷃	蒙	䷳	艮	䷖	剥
地	☷	䷊	泰	䷒	临	䷣	明夷	䷗	复	䷭	升	䷆	师	䷎	谦	䷁	坤

古伏羲，观天地，绘河图①，演太极②，画八卦③，文明启。

译：传说约8000年前，中国古代的伏羲氏通过仰观天象、俯察地理，绘制河图，演绎太极，创立了八卦，开启了中华民族的灿烂文明。

①河图：相传，伏羲做了中国第一任皇帝，为了教化百姓，让人民致富，伏羲每天都在动脑筋思考。这一天，他在黄河一边散步，一边思考这个问题，突然，河里一个“怪物”，跳上岸来，然后转瞬即逝。这个怪物龙首马身，后人称之为“龙马”。龙马背上有一幅图，伏羲遂照此图绘出河图（图1–1）。

其实，这只是一个传说，并无科学依据。易经专家张树钦先生认为，河图来源于人们对日影的观察。我们都知道，日晷是根据日影来计算时间的工具。古人观察日影，计算时间必须先确定一个点，最简单的定位方法就是以自己所站的位置为中心，按照东西南北画一个“十”字，这样就有了指

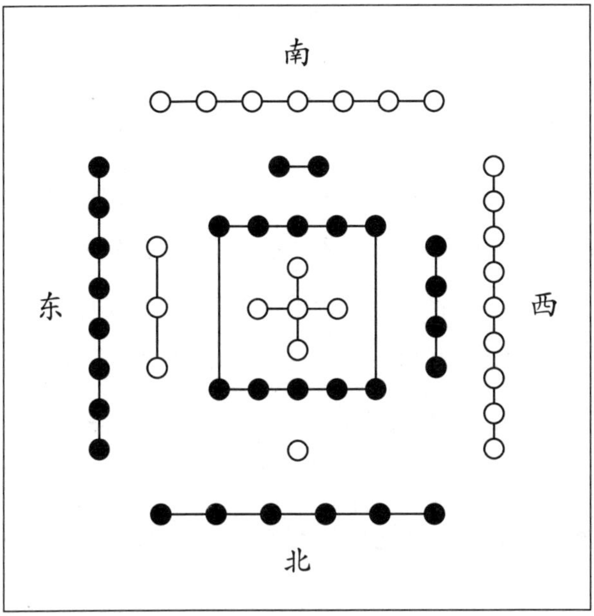

（图 1–1）

东西南北中的五个方位，“5”和五位的概念就出现了用数字 1 至 5 表示，按照“圣人南面而听天下，”即古代首领都是坐北面南的习惯，定北为一，南为二，东为三，西为四，中为五，这叫“五位”，将一至十按照五位序进行排列，则一位得六，二位得七，三位得八，四位得九，五位得十。十又有南北线与东西线相交之义。一与六合居北，二与七合居南，三与八合居东，四与九合居西，五与十合居中，皆是一奇一偶之合，即一阴一阳之合。且 6、7、8、9、10 是 1、2、3、4、5 分别与 5“合”所生，故 1、2、3、4、5 为生数，6、7、8、9、10

为成数。用白点表示阳，黑点表示阴，则为河图，此乃河图之由来也。

② 太极（图）：太极图是研究周易学原理的一张重要的图象，既包括了至极之理，又包括了至大至小的时空极限。

这幅图的来历一直争论不一，有言是伏羲氏所作。伏羲观察天地鸟兽等万物演变，从中受到启发，推演出象征宇宙真理的太极图。但古书中却没有现代所见的这种由一黑一白两条阴阳鱼缠绕形成圆圈的太极图案。它是到宋代时才突然出现的。

有人说，它出自仙人陈抟之手；也有人说，是宋代理学家周敦颐所创；也有人认为，早在陶器时代就出现了太极图；争论不一。

明代学者赵撝谦在他的《六书本义》中写到："天地自然之图（河图），伏羲氏龙马负之出于荥河（黄河支流），八卦所由以画也。""此图世传蔡元定得之于蜀之隐者，秘而不传，虽朱子亦莫之见，今得之陈伯敷氏。熟玩之有太极函阴阳，阴阳函八卦之妙。自明洪武以后，此图遂盛传于世"。由此可以推想，太极图源于河图。至于其中的奥秘，因为蔡氏得图后不久辞世，再传于世时已到元朝初年。真正的演变过程已经无从考证，只留下太极原图而已。

由此，笔者受到启发。太极由河图演化而来。河图简单用数字表示（图 1–2）：

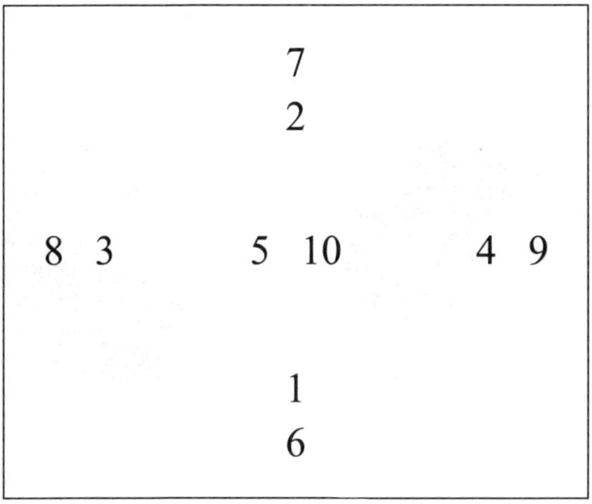

（图 1-2）

将河图中的奇偶数分开，用曲线相连即成太极图中的 S 曲线，5 与 10 分别为阴中阳一点、阳中阴一点，如图 1-3 所示：

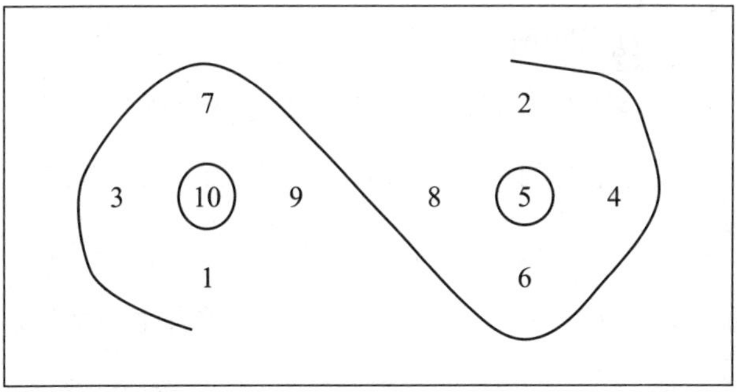

（图 1-3）

添加上表示宇宙的圆，就成了太极图（图 1-4）：

（图 1-4）

③ 八卦：太极图的阴阳分别代表天地，天地之间的“S”线代表人。伏羲氏发现了天地人三才。于是，他用一条实线“▬”代表天，代表阳性物质；用一条虚线“- -”代表地，代表阴性物质。这样他把阴阳“2”，带入三才“3”，就有了八种组合方式（见图 1-5）。运用这种方式组合的结果，就形成了八卦。这个八卦就是代表宇宙万物的最佳、最简单的形式。老子说的：“一生二，二生三，三生万物，”也诠释了八卦的形成原理。

伏羲氏创立的八卦（图 1-5），后人称为先天八卦，分别是乾、兑、离、震、巽、坎、艮、坤八个卦。乾卦代表着一年中阳气最盛，骄阳似火的盛夏时节，在太极图中位于阳极处；阳极阴生，紧接着的巽卦，代表秋风瑟瑟，天气渐凉，阳气减少；顺序而来的坎卦代表水、凉，阳气更少，寒冬渐至，冰凉如水；艮卦代表山、止，天地万物遵循自然规律，秋收冬藏，至艮卦时节，阳气极少，万物已将能量贮藏于根部，毫无生机之象；至坤卦，已到阴极之处，代表冬季最寒冷的时候；阴极阳生，坤卦之后的震卦为雷，春雷滚滚，万物复苏，阳气渐多，阴气渐少；随之而来的离卦代表火、太阳，太阳升高，天气回暖，阳气更多；兑卦代表河泽、湖泊，至兑卦，夏雨连绵，润泽大地万物，大地上低洼处皆有积水成泽。兑卦结束又来到乾卦的盛夏时节，一年四季如此循环往复，天地万物都遵循着春生夏长秋收冬藏的自然规律。

先天八卦图

（图 1–5）

后天八卦图卦象和方位的对应图（图 1–6）：

（图 1–6）

实为阳，虚为阴，成三才，天人地，类万物，涵数理。

译：八卦是由两条线组成，实线“⚊”和虚线“⚋”，实线称为阳爻，虚线为阴爻。每一卦都包含三条线，从上至下分别代表天、人、地三才。八卦看似简单，实则代表天地万物，涵盖了人与自然发展变化的规律。

乾三连，乾为天，乾为父，乾为刚，西北方，色白金。

译：乾卦（图 1–7）由三个阳爻组成，三条实线。乾代表天、父亲、阳刚，方位在西北方，五行属金，颜色为白色。

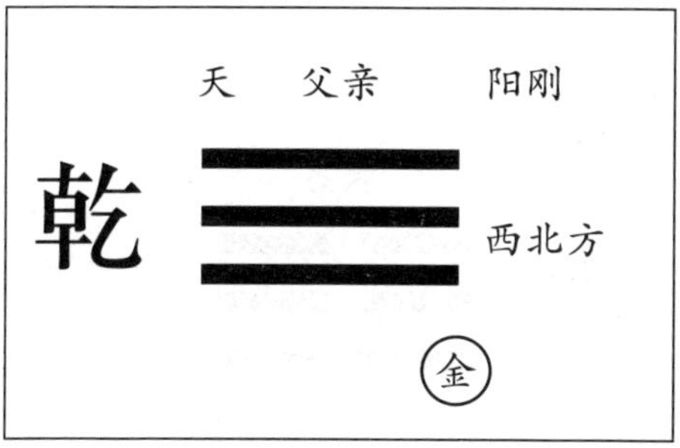

（图 1–7）

坤六断，坤为地，坤为母，坤为顺，西南方，黄土地。

译：坤卦（图 1–8）由三个阴爻组成，看起来是六条断的线。坤代表大地、母亲、柔顺，方位在西南方，五行属土，颜色为土黄色。

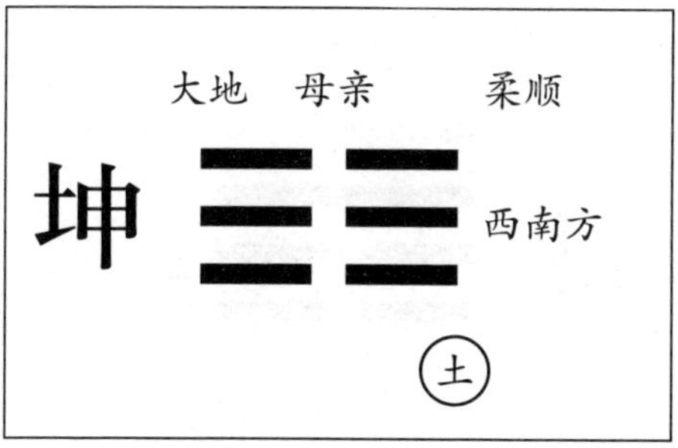

（图 1–8）

震仰盂，震为雷，震长男，震为动，东方木，阳升起。

译：震卦（图 1-9）初爻为阳爻，二爻三爻为阴爻，看起来像一只仰着的钵盂。震卦代表雷、长男，代表动、太阳升起，方位在正东方，五行属木。

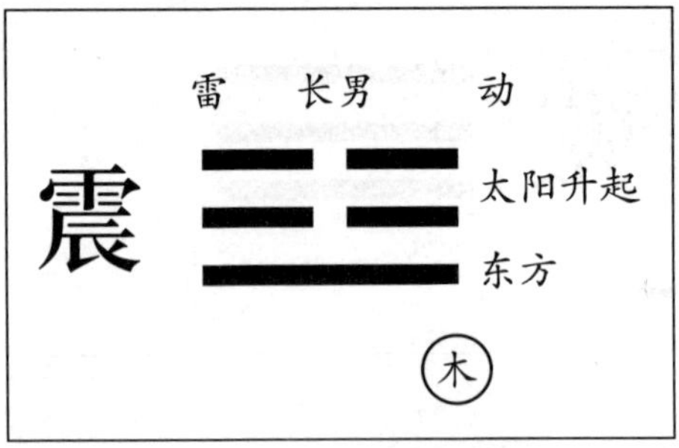

（图 1-9）

艮覆碗，艮为山，艮少男，艮为止，东北方，土性依。

译：艮卦（图 1-10）初爻二爻为阴爻，三爻为阳爻，像一只倒扣的碗。艮代表山、少男、停止，方位在东北方，五行属土。

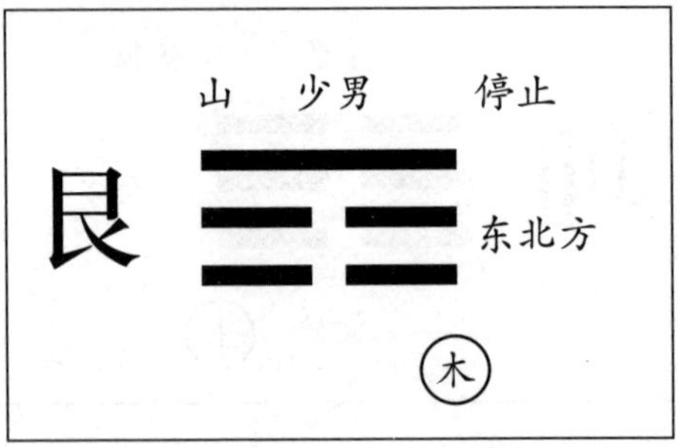

（图 1-10）

离中虚，离为火，离中女，离为艺，正南方，红色里。

译：离卦（图 1-11）为两个阳爻中间夹一阴爻，中间空虚。离代表火、中女、艺术，方位在正南方，五行属火，颜色为大红色。

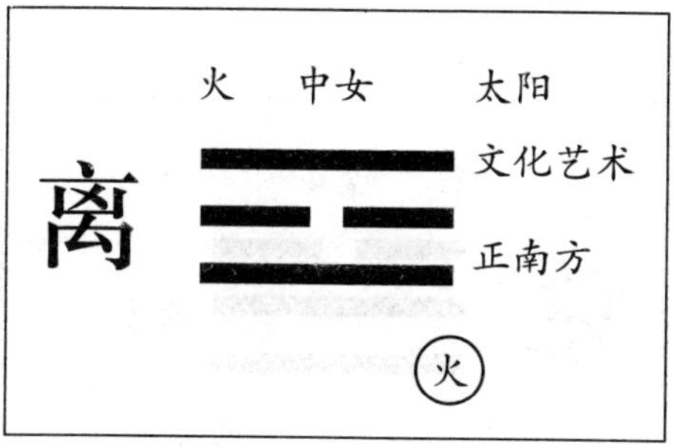

（图 1-11）

坎中满，坎为水，坎中男，坎为曲，正北方，色为漆。

译：坎卦（图 1-12）与离卦相反，是两阴爻中间夹一阳爻，中间圆满，外柔内刚。坎代表水、中男、弯曲，方位在正北方，五行属水，颜色为黑色。

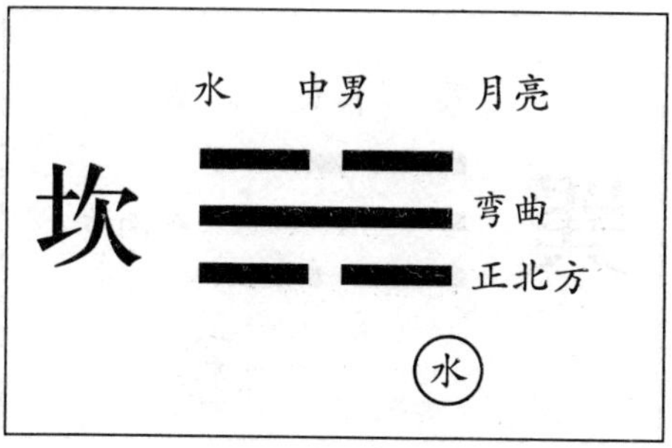

（图 1-12）

兑上缺，兑为泽，兑少女，兑为口，正西方，首饰金。

译： 兑卦（图 1-13）最上面是一阴爻，下面是两个阳爻，上部缺口。兑代表泽、少女、口，方位在正西方，五行属金，为首饰之金。

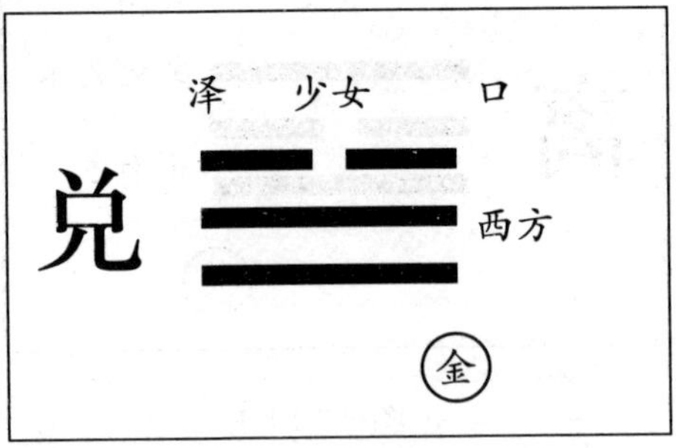

（图 1-13）

巽下断，巽为风，巽长女，巽属木，东南方，色为绿。

译： 巽卦（图 1-14）上面两阳爻，下面一阴爻，下部断口。巽代表风、长女，方位在东南方，五行属木，颜色为绿色。

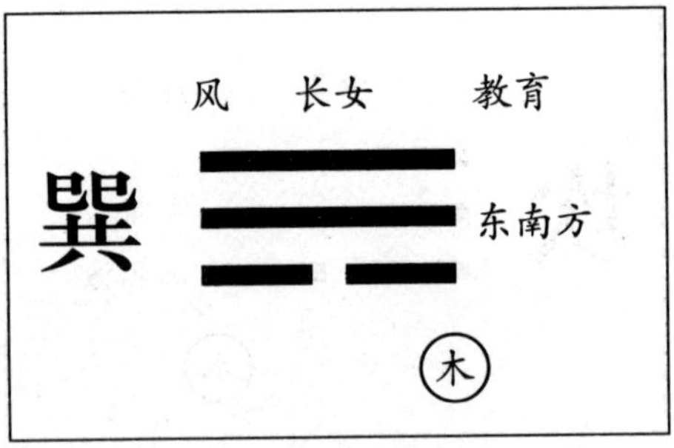

（图 1-14）

周文王，拘羑里，叠单卦，成复卦，六十四，卦相袭。

译：《史记》记载“文王拘（羑里）而演周易”。周文王因广施仁政而引起纣王猜忌，被商纣王关进了羑里城（今河南安阳汤阴县北）的监狱。在狱中，周文王将伏羲氏的先天八卦两两相叠成复卦，共计六十四卦。

六爻卦，更详细，识上下，知用体，通变化，合实际。

译：周文王创立的六十四卦，每卦包含六个爻（自下而上分别是初爻（一爻）、二爻、三爻、四爻、五爻、上爻（六爻），其中初爻、三爻、五爻为阳位；二爻、四爻、上爻为阴位。阳爻称九，阴爻称六。卦中起重要作用的这个爻称为主爻。），更加详细，在学习中要区分上卦（称为外卦）、下卦（称为内卦），用卦体卦，通晓其中的变化，更加符合了客观实际。

第二部分

六十四卦

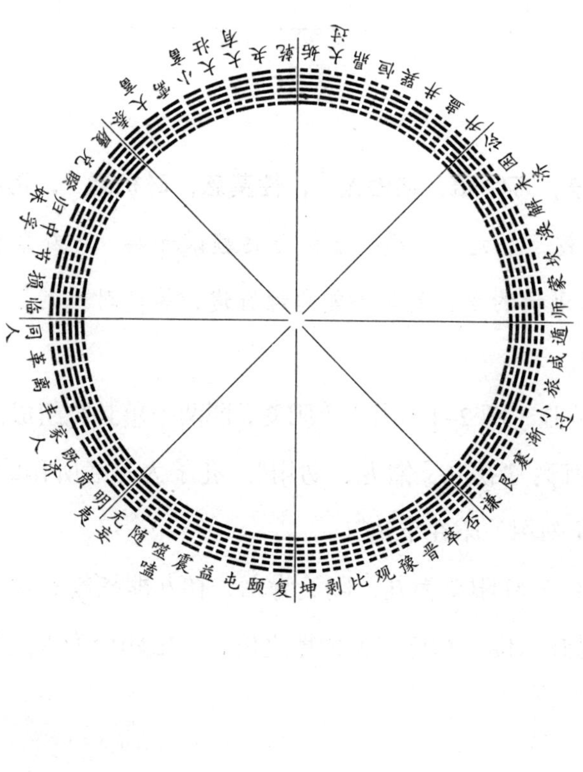

乾
夬
大有
大壮
小畜
需
大畜
泰
履
兑
睽
归妹
中孚
节
损
临
同人
革
离
丰
家人
既济
贲
明夷
无妄
随
噬嗑
震
益
屯
颐
复
坤
剥
比
观
豫
晋
萃
否
谦
艮
蹇
渐
小过
旅
咸
遁
师
蒙
坎
涣
解
未济
困
讼
升
蛊
井
巽
恒
鼎
大过
姤

第一卦　乾

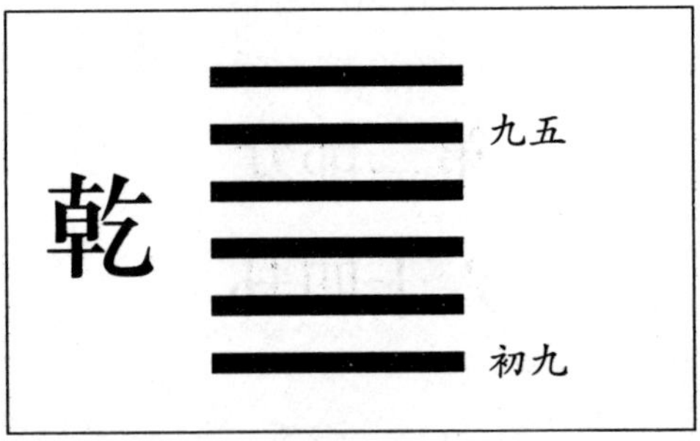

（图 2–1）

乾元亨，万物始，初潜龙[①]**，性莫急，时机到**[②]**，再腾飞。**

译：乾，本元，亨通，自然万物赖以开始。乾卦最初开始时好比一条潜伏的龙，此时不能急躁冒进，等待时机到了，才能腾飞于天空。

①乾卦（图 2–1）由六个阳爻，即两个单卦乾组成。《易经》乾卦卦辞曰："初九，潜龙，勿用"。孔子为易经所作的《象传》曰："潜龙勿用，阳在下也"。

《易经》称阳爻为九，阴爻为六，初九即指乾卦最下面一个阳爻。易卦六位，初位二位为地之位，三位四位为人之位，五位上位为天之位。

乾卦初九正处于地之下位，所以称为潜龙，意为潜藏于地下之龙，此时不可发挥作用。

②“时机到”，此时的时机指乾卦的九五之位。《易经》乾卦卦辞曰：“九五，飞龙在天”，九五处于天之位，至九五，龙已升至天上，此时正是腾飞的时机。初九至九五揭示的是一个不断努力向上攀登的过程。初九龙潜伏于地下；到九二龙出现在田野，以德行天下继续向上；至九三，已经无比接近上卦的情况下，龙依然日夜警惕自省，反复修炼；九四，龙终于到达上卦，完成了下卦到上卦的跨越，此时，《易经》曰：“进无咎也”，指真龙仍需上进努力；至九五，终于到达九五至尊之位，此时的龙才能腾飞于天上。因此，乾卦的精神就是：天行健，君子当自强不息。

第二卦　坤

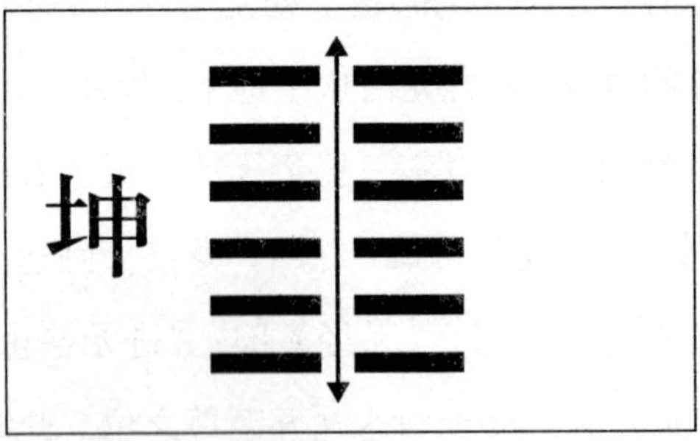

（图 2–2）

坤利贞，顺承乾①，怀八方，容古今，功盖世②，己不欲。

译： 坤，温柔正定，顺承乾的天道，胸怀八方，包容古今，承载万物，虽功德无量，但坤从不张扬，亦不要求任何回报。

① 坤卦（图 2–2）由六个阴爻组成，是六十四卦中唯一一个上下顺通的卦。从卦象上即能看出坤卦是顺从而阴柔的。“顺承乾”之“乾”代表的是天道，即自然规律；“顺承乾”即顺应天道，遵循自然规律。规律是客观的，坤顺应客观规律，所以能保持正定。

②孔子《彖传》曰："坤厚载物，德合无疆。含弘光大，品物咸亨。牝马地类，行地无疆。"坤卦代表大地，大地深厚广阔，是世间万物的载体。大地提供土壤、养分、矿石等各种资源，世间万物依赖大地而共生共存。坤的品德是包容、承载、顺从。"地势坤，君子以厚德载物"正是坤卦所代表的精神。

乾与坤一动一静，一明一暗，二者是一个矛盾的统一体。乾像是一个律动的生命，坤是这个生命的载体。乾是这个矛盾中主动的一方，坤是被动的一方。因而矛盾统一及阴阳相合的关键在于坤顺从乾，顺应乾的动而相对运动。坤能当好载体，能包含乾之阳，即"含弘光大"，乾坤这对矛盾的运动才能相合，万物才能和谐生长，即"品物咸亨"。

第三卦　屯

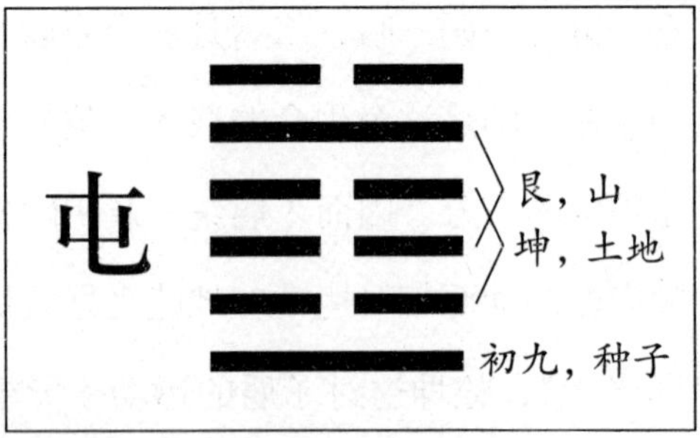

（图 2–3）

屯初生[①]，多磨砺，破厚土，涉山水[②]，要成长，靠自己[③]。

译：屯卦象征正在孕育中的幼苗，要经过很多磨砺，冲破厚厚的土壤，拔山涉水，依靠自身的努力才能成长。

① 屯卦（图 2–3），水雷屯。上卦坎卦代表水，下卦震卦代表雷。屯卦的二爻三爻四爻组成了坤卦，代表土壤，下卦震为雷，为动。屯卦的第一爻初九恰如一粒深埋于土壤的种子，在春雷滚滚的季节，汲取着土壤的养分、水分，正在生根发芽（图 2–4）。

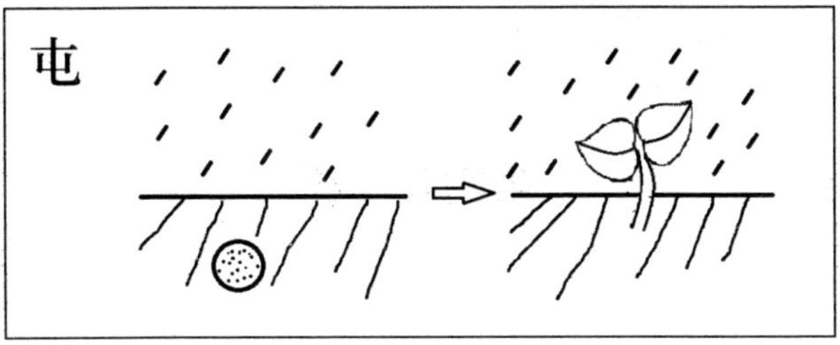

（图 2–4）

② 生命的孕育极其不易。幼小的种子要生根发芽，首先要突破厚厚的土壤，屯卦的二爻三爻四爻组成了坤卦，五行属土，代表土壤。当到了屯卦的九五之位，种子终于破土而出，长成小小嫩芽。从卦象上看，屯卦的三爻四爻五爻组成了艮卦，代表山、石、止，上卦坎卦代表了水、陷、险。小小的嫩芽刚刚发出地面，又要冲破坚硬的石头的阻碍，提防大雨洪水的侵袭，只有经过这重重磨砺，一粒种子才能真正生发茁壮成长。由此可见，生命的孕育何其艰难！

③ 种子一边从大地和雨水中汲取营养，一边又冲破大地的束缚，抵抗着雨水的冲刷侵袭，生机与危机并存，这是每一个生命孕育必然要接受的客观现实，由此联想到孩子的成长也是一样。对孩子期望过高，过度的施加压力就像种子被压了厚厚的土壤，浇了过多的水，难以破土而出；而过分的溺爱，为其成长扫清一切障碍又让孩子得不到应有的磨砺，恰如一颗过于细嫩的幼苗，经受不住一点风雨的侵袭。因此，屯卦的意义在于尊重生命本身，顺其自然，关爱适度。

第四卦　蒙

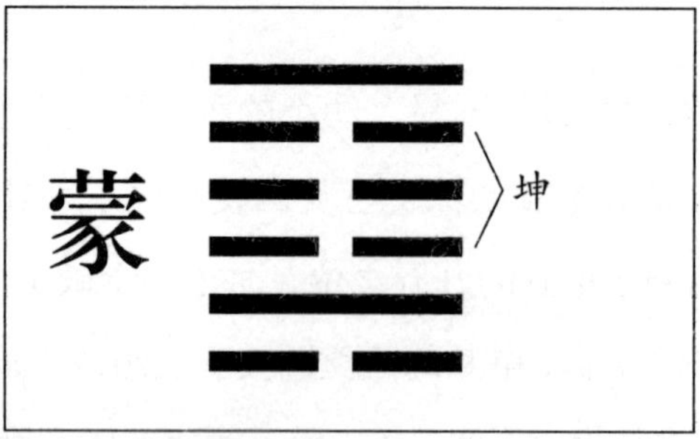

（图 2–5）

蒙教育①，在母仪，尊个性②，多启迪③，指迷津，开智力。

译：蒙卦，象征启蒙教育，启蒙教育应该像坤卦顺承天道那样，尊重学生的个性，以启迪启发为主，指点迷津，开发智力。

①蒙卦（图 2–5），艮上坎下，山水蒙。上卦艮卦代表山、代表止，下卦坎卦代表水、代表险。生命到了这一阶段，像是处在山水之间，迷蒙找不到方向，身边险象环生而难以前行（图 2–6）。此时，最需要的是有人来启蒙，指点迷津。因此，蒙卦含有蒙昧和启蒙的双重含义。

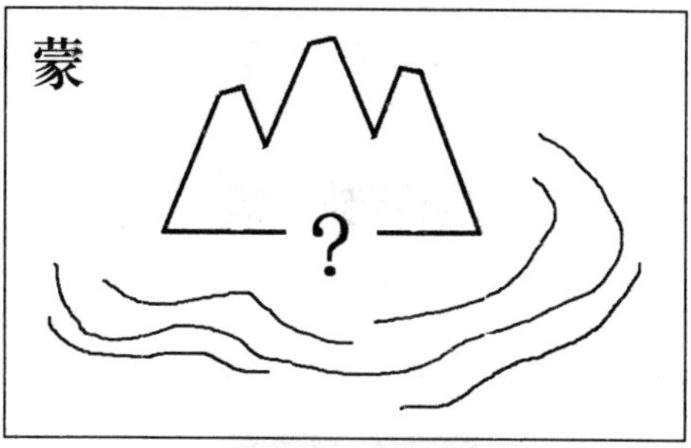

（图 2–6）

② 蒙卦的三爻四爻五爻组成了坤卦，坤卦处于蒙卦的中心，坤的本性是顺，坤顺应的是天道，即客观自然规律。启蒙教育的核心是顺应学生的个性，因材施教。

③《易经》蒙卦卦辞曰：“匪我求童蒙，童蒙求我”，即不是我求启蒙儿童，而是儿童求教于我。由此，蒙卦强调启蒙教育的主导者是学生，老师要通过启迪启发的方式激发学生主动去学，这才是教育的主旨，而不是一味地教，将学生当作被动接受的机器。

第五卦　需

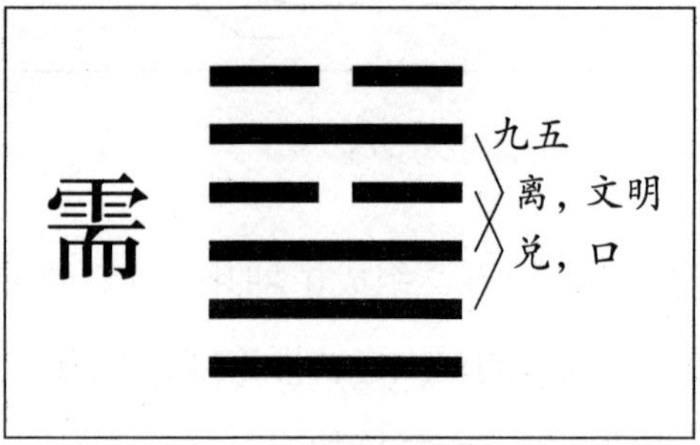

（图 2–7）

需求雨，喻人欲[①]，壑难平，推史进，财有道，正路取[②]。

译：需卦象征着人们在求雨，比喻人的欲望如深深的沟壑，难以得到满足。需求是社会发展的动力，正因为各种欲望需求，才推动人类社会不断进步，推动历史向前发展。对待需求，需卦的主旨是取之有道，要从正道取财，不可作奸犯科。

① 需卦（图 2–7），坎上乾下，水天需。上卦坎卦代表水、雨，下卦乾卦代表天。从卦象看，需卦就是水在天上，雨还没有下，由此人们产生了对雨的需求（图 2–8）。人的需求欲望是多种多样的，总体可分为两个方面：物质需求和精神需求。需卦的二爻三爻四爻组成了兑卦，兑为口，吃是生存最基本的需要，引申为人类的物质需求；三爻四爻五爻组成了离卦，离为火，人类用火

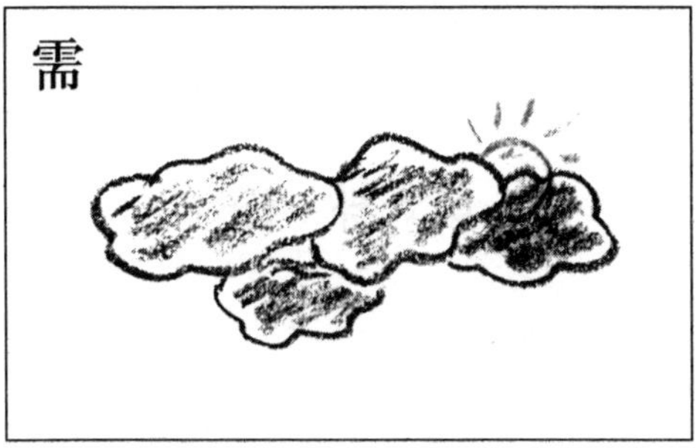

（图 2-8）

照明取暖，烹煮熟食，才渐渐告别茹毛饮血的原始社会，因此火也代表了文明，引申为人的精神需求。需卦就是这样极其简单又智慧地概括了人类的所有欲望。

② 如何正确对待需求呢？《易经》需卦卦辞曰：“需有孚，光亨，贞吉，位乎天位，以中正也”，这是需卦对待需求的态度。需求是社会的基本矛盾。一方面，当需求的矛盾激化，社会就要动荡，需求不满的 方就要反抗，历史上爆发的农民起义就是最好例证；另一方面，需求的矛盾也是社会发展的动力，行的需求催生了汽车、飞机的发明，美的需求推动了服饰、艺术的发展。因此我们要发挥需求的积极作用，此为“光亨”。

在面对需求时，要保持内心的正定，正如需卦的九五，“位乎天位，以中正也”，九五爻居尊位（因五是一到九的中间数，因此《易经》以九五为居中尊位。），虽居坎险而能守中持正，在面对需求欲望之时，只有内心坚定，坚守正道使需求得到满足，才能吉祥，此为“贞吉”。

第六卦　讼

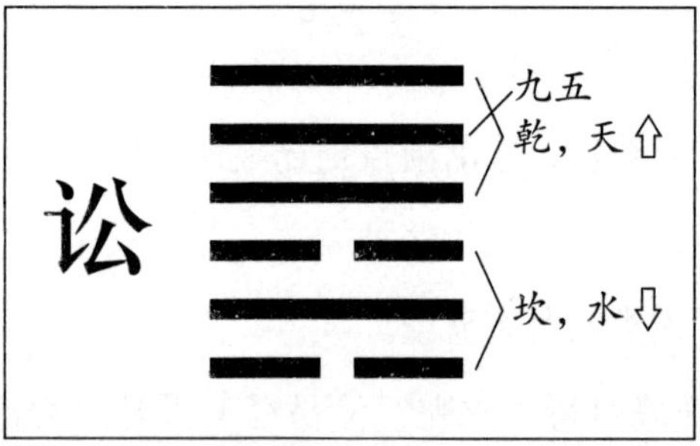

（图 2–9）

讼乃争[①]，为财色，呼正道，要法律，利与义，要统一[②]。

译：讼是争讼的意思，为财为色，争讼不休。解决争讼，要用正道、用法律的手段，在解决过程中，利益与正义要统一。

① 讼卦（图 2–9），乾上坎下，天水讼。上卦乾卦之阳气向上，下卦坎卦之雨水向下，上卦下卦相悖而行。从需卦到讼卦，天上雨水终于降落地面，人们为了争夺水而发生争执，因此讼卦象征争讼（图 2–10）。

② 讼卦六爻从下至上，代表着不同的利益团体，也代表着争讼的不断升级。初六表示的是最底层人民群众的利益，九二代表了基层官员，六三和九四代表了社会的中产阶级、中层官员，

（图 2–10）

至九五尊位，代表了国家利益，同时，九五也代表国家法律。

各个利益团体的矛盾都依赖九五这个国家法律来解决。《易经》讼卦对争讼的解决有六个字："有孚、窒惕、中吉。"首先，要"有孚"。孚，信也，即诚信道义、信任。处理争讼矛盾，首先要有信义，讲道义，取得各阶层的信任。其次，要"窒惕"。解决争讼的手段是刚性的，必须要对不讲信义之人有所惩戒，对其行为进行抑止。所以，国家的法律是"有法必依，执法必严"。第三，"中吉"，即中正吉祥。处理争讼必须体现公正、公平，这是中的含义，只有公平公正才能解决各个利益矛盾，最终达到吉祥的效果。九五阳爻居尊位，中正刚健，正如国家的法律制度，公正严明。当争讼的级别到了上九，即讼卦的最上面一爻，已是讼卦之极，其利益已经凌驾于国家之上，此时已经无法用国家法律的手段解决了，就必然要爆发战争，由此就进入下一卦，师卦。

第七卦　师

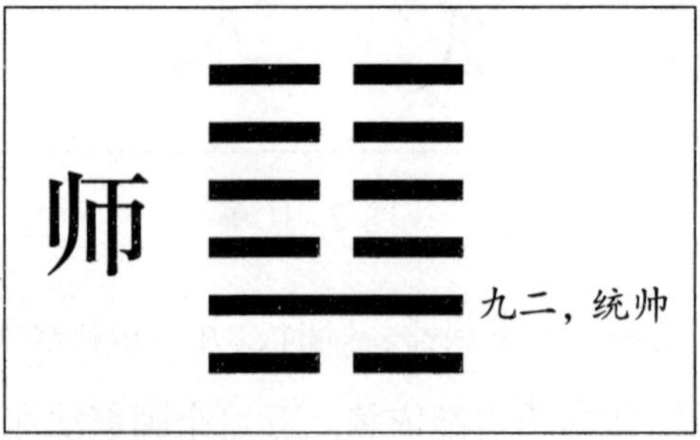

（图 2–11）

师为战[①]**，战必律，懂兵法，布大局**[②]**，帅当先，永披靡**[③]**。**

译：师卦讲的是战争。要战争，必须军纪严明，懂兵法，能统筹全局。军队统帅身先士卒，一马当先，才能所向披靡，攻伐天下。

①师卦（图 2–11），坤上坎下，地水师。师的本意是古代军队中的一级，二千五百人为师，师有众多之意，也泛指军队。从卦象看，师卦就像是两队排列整齐的士兵，军队的统帅站在前方，统领三军（图 2–12）。

②师卦是九二阳爻交于坤卦而成，上卦坤卦代表大地、民众，地中有水，师卦象征军源于民，将众多的民众组织成队伍就

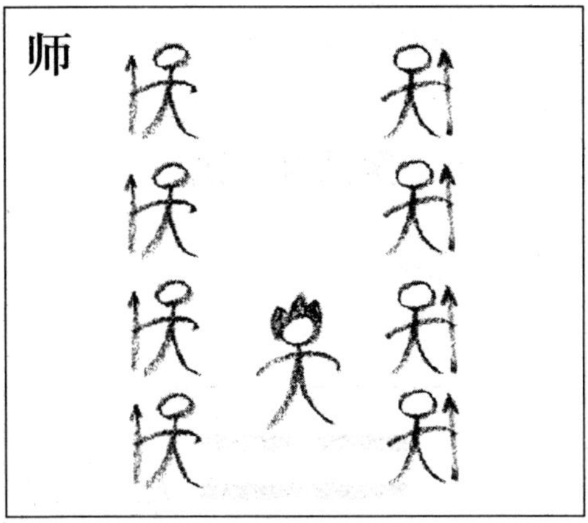

（图 2–12）

成了师，成了军队。因此，治军首先要纪律严明，令行禁止，成就一支文明之师。第二，正因为军源于民，民能容军，所以战争必须是维护人民利益的正义之战，这样军队才能得到民众的支持和追随，成就一支正义之师。第三，《易经》师卦曰："丈人吉，无咎"。丈人即大人物，无咎是在没有过错，这对军队的统帅提出了很高的要求。师卦的九二作为军队统帅，必须治军严明，精通兵法，运筹帷幄，统揽全局，用兵如神，成就一支精锐之师。

③ 师卦唯一的阳爻位居下卦中位，下卦坎卦为险、陷，战争的前线是最危险的，但代表军队统帅的九二能身先士卒，深入最危险的地方，此为"帅当先"。位居下卦中位的九二与位居上卦中位的六五阴阳相应，六五处于五的尊位，又在上卦坤的中间，在师卦中既代表国家也代表人民，九二得到国家和人民的支持，所以能"行险而顺"，所向披靡。师卦的主旨是以武安邦。

第八卦　比

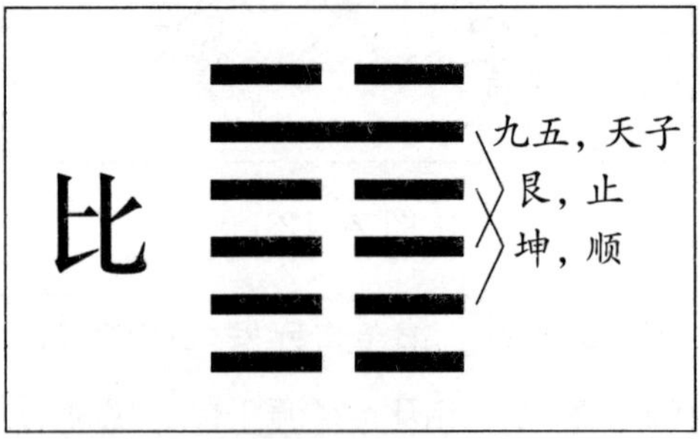

（图 2-13）

比为和，水润地①，爱民众，亲邻里②，同发展，大国立③。

译：比卦意为亲和，像水润大地那样亲密无间。国家的统治者爱护民众，亲和邻国，共同发展，使国家发展壮大。

① 比卦（图 2-13），坎上坤下，水地比。上卦坎卦为水，下卦坤卦为大地，地上有水，水润大地，彼此亲密无间，由此，比卦象征着亲和，亲近。

② 比卦中唯一的阳爻是九五，九五至尊，代表天子，国家的统治者。九五阳爻居中居正，表明统治者品行端正。下卦坤卦为顺，为民，二爻三爻四爻组成的坤卦也代表着顺。初爻二爻可看

作基层民众，三爻四爻可看作社会的中产阶级，古代相邻归顺的诸侯小国，由此，统治者的主动亲和政策，也得到社会各阶层的亲和顺从，甚至邻近的诸侯国也来归顺。因此，比卦的主旨是仁政治国。

③比卦的亲和并非不分主次，毫无原则的亲和。从卦象上，比卦鲜明地突出了唯一的阳爻九五，且三爻四爻五爻组成了艮，艮为山，象征止，表明亲和到九五的位置就应止，九五是主要的，再亲密也要以九五为首，坚守九五的主导地位。没有首，国家失去了发展的方向，何以壮大?

第九卦　小畜

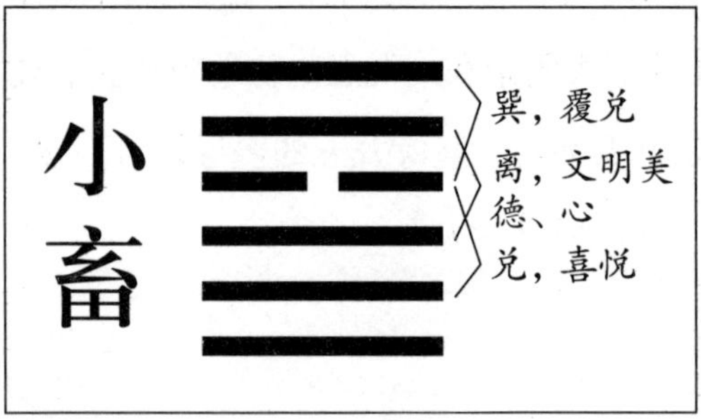

（图 2–14）

小畜卦，讲文化，飘彩云，美天下①**，扬善德，成大家**②。

译：小畜即小的积累、积蓄，讲的是文化，正如天上飘着五彩祥云，美化天下。只有运用文化的力量弘扬善良的美德，才能成为众人仰慕的君子。

①小畜卦（图 2–14），巽上乾下，风天小畜。上卦巽卦为风，下卦乾卦为天，六四是全卦唯一的阴爻处在阴位，其余五爻围绕周围，一阴蓄五阳，整个卦象好比天上吹着轻柔的风，风聚来朵朵云彩，一片祥和之气（图 2–15）。小畜卦的三爻四爻五爻组成了离卦，离代表火，象征文明，这正是小畜卦的核心。小畜的主

爻六四所积蓄的就是文明、文化、修养、美德。

（图 2–15）

② 小畜卦上卦为巽，代表风，巽也是倒扣的兑卦，兑代表口，为说。上卦巽卦就如同天上的一张口，向人们宣传善良美好的德行。三爻四爻五爻组成离卦，中医里“心”五行也属离火，所以，离卦也代表着人心。二爻三爻四爻组成了兑卦，兑有喜悦之意。因此，小畜卦认为弘扬美德要深入人心，只有人们从内心树立美德意识，积蓄自身修养，人心才会喜悦，才能达到“美天下，成大家”。

第十卦　履

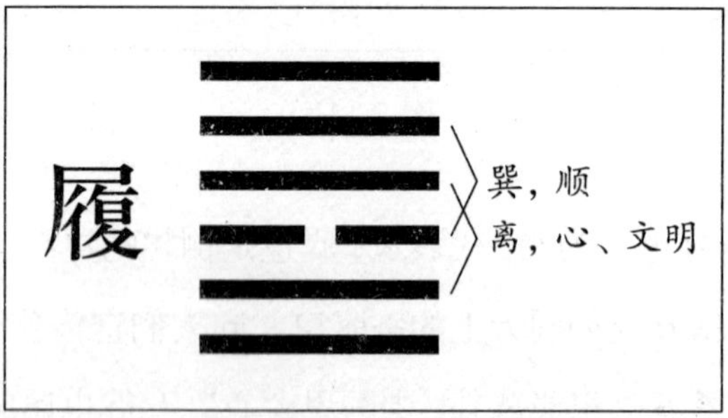

（图 2–16）

履为礼①，从鞋起，千里行，足下起，不知礼，何以立②？

译：履卦讲礼法，是社会公认的道德规范，履的本意是鞋，引申为履行。履行礼法，是要脚踏实地地去做，千里之行，始于足下。不知道礼法，如何成长立足？

① 履卦（图 2–16），乾上泽下，天泽履。从小畜卦到履卦，卦中代表文明美德的离卦下降了一个爻位，象征着小畜卦所弘扬的文明美德已经深入人心，为社会大众普遍接纳认可。这时，这种文明美德就成为了公认的道德规范，甚至成为国家的典章制度，这就是礼。

②《礼记》曰："礼者所以定亲疏，决嫌疑，别同异，明是非也。"尊老爱幼是礼，孝敬父母是礼，礼实质是人处理社会关系的标准，是一个人为人处事的根本。所以孔子《论语》曰："不学礼，无以立。"

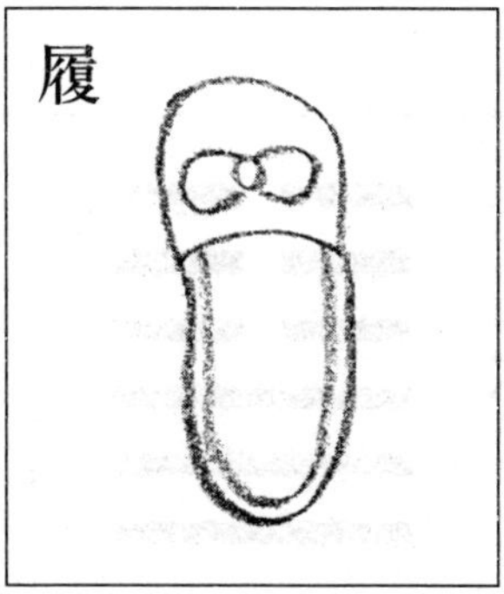

（图 2–17）

有礼知礼就要去遵守。履卦看起来像一只鞋子，唯一的阴爻六三是鞋口，两边的阳爻是鞋面和鞋帮（图 2–17）。这象征履卦对尊礼守礼的首要要求是要脚踏实地地去做，正所谓"千里之行，始于足下"。

履卦上卦乾卦是阳卦，是刚性的，象征社会道德礼法，下卦兑卦为阴卦，是柔性的，有喜悦之意。其二爻三爻四爻组成了离卦，代表心，三爻四爻五爻组成巽卦，巽有柔顺之意。所以履卦卦意是指柔小者顺从刚大者而行。为人处事，要发自内心地、愉悦地知礼守礼，不可越过道德的底线。

第十一卦　泰

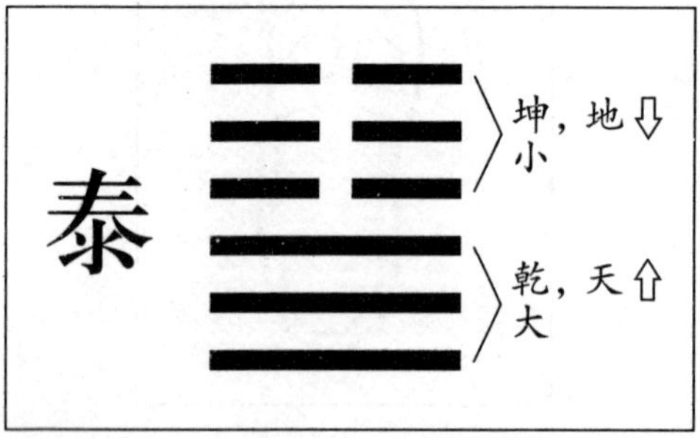

（图 2–18）

泰长安，天地亨，阴阳交[①]，上下通，顺民意，正作风[②]。

译：泰卦象征长久的和谐安泰，天地亨通，阴阳相交，上下相通。国家统治者顺应民意，端正作风。

① 泰卦（图 2–18），坤上乾下，地天泰。本应是天上地下，泰卦何以地上天下为泰呢？《易经》泰卦卦辞曰："小往大来，吉亨。"上卦坤卦为地为阴为小，下卦乾卦为天为阳为大。阴气下沉，阳气上升，泰卦表现的是这种阴阳相交，天地相通的状态。在自然界中，虽然天在上，地在下，但天地每天都在交流沟通。地上的动物植物呼吸空气，承受天上的阳光雨露，同时江河湖

海又蒸发水分到天上，没有天地间的这种交流，世间万物就无法生长。

② 由自然现象联想到人类社会，上卦坤卦也代表民众、下级、被管理层，下卦乾卦象征国家统治者、上级、管理层。要想和谐安泰，上下层级之间必须要沟通交流。坤卦在上，即统治者要重视民众的意见，将民众的意愿摆在高的位置。此为“上下通，顺民意”。从另一角度，乾卦为阳，代表君子，在下卦即内卦的位置，坤卦为阴，代表小人，在上卦即外卦的位置，所以泰卦卦意也是“内君子而外小人”。国家想要长久的和谐安泰，统治者必须亲近君子远离小人，整治不正之风，此为“正作风”。

第十二卦　否

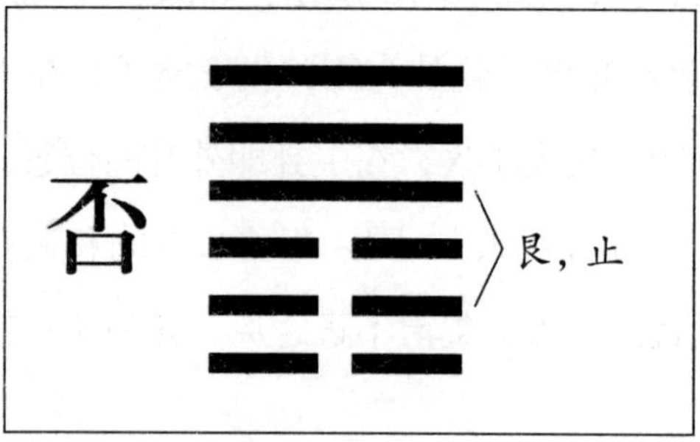

（图 2-19）

否泰反，不祥瑞，阳上行，阴下沉，失交通，脱离中[①]。

译：否卦与泰卦正好相反，天上地下，不是祥瑞之兆。阳气上行，阴气下沉，天地不相通，阴阳相背离。

① 否卦（图 2-19），乾上坤下，天地否。上卦乾卦之阳气上行，下卦坤卦之阴气下沉，天地阴阳不通为否。其二爻三爻四爻组成艮卦，艮为止，也象征坤之阴气到此为止，不与乾之阳气相沟通。

孔子所作《象传》曰：“天地不交，而万物不通也；上下不交，而天下无邦也”。三爻四爻是人位，否卦三爻为阴，四爻为阳，不能相通，象征人道不通，社会封闭、窒息，封闭窒息的后果就是“无邦”，邦是国，无邦就是亡国。

纵观中国历史，唐朝政策开放，重视对外沟通交流，因而创造了中国历史上最辉煌的一个朝代，至今国外还将中国的传统服饰称为唐装，将华人的聚集区称为唐人街。反观清末，政府奉行闭关锁国的政策，导致国家贫穷落后，国将不国。与泰卦相反，否卦内坤外乾，也象征着亲小人而远君子，近奸佞而远贤臣，恰似夏桀宠褒姒而烽火戏诸侯，明末皇帝重用宦官成立西厂而封堵民口、残害忠臣。这样做最终的结果都是“无邦”。

第十三卦　同人

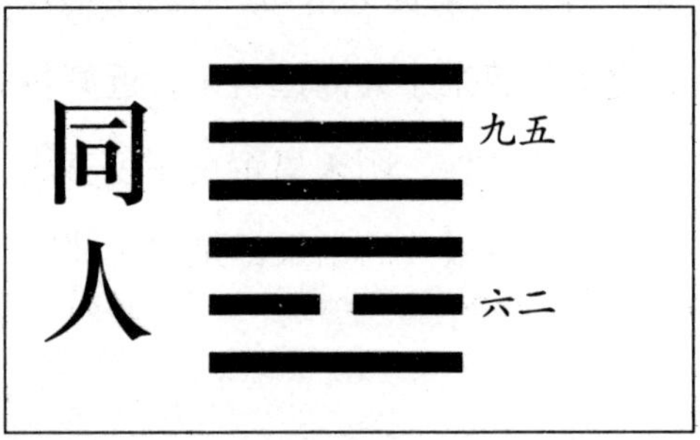

（图 2–20）

同人道，在大同①**，非山头，非同宗，怀天下，路子正**②**。**

译：同人之道，在于大同，大同并非是聚居在一个山头上如匪寇般的同，也不是同族同宗的同。胸怀天下，天下大同才是正道。

①同人卦（图 2–20），乾上离下，天火同人。上卦乾卦五行属金，下卦离卦五行属火，性质不同，何以同人呢？首先，乾为天为阳，天在上阳气向上，离为火，火焰亦向上，二者方向相同。其次，下卦离卦的主爻六二阴爻居阴位，当位居中，与上卦乾卦之阳爻相应，所以能同。第三，乾卦和离卦分别在先天八卦和后天八卦中处于正南方（图 2–21），二者位置相同。

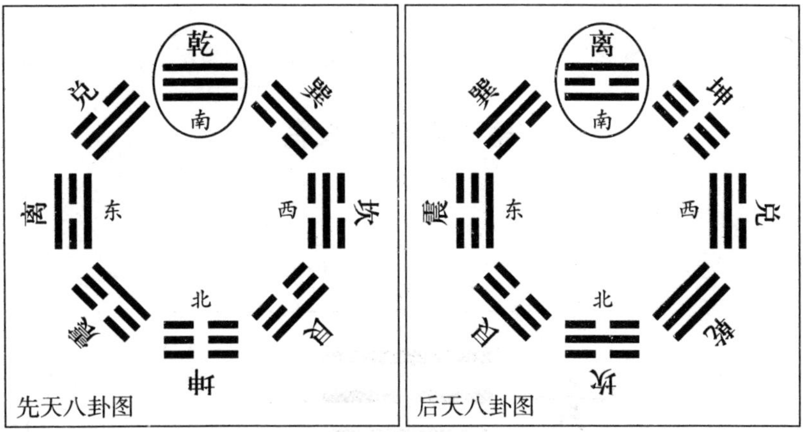

（图 2-21）

②从孔子《论语》中提出“四海之内皆兄弟也”，到近代康有为著《大同论》，直至今天把共产主义社会作为最高理想，天下大同是中华民族自古以来的追求。同人卦之同是天下大同。六二是同人卦中唯一的阴爻，是卦的主爻，从全卦来看，六二以一阴爻与其余五个阳爻阴阳相应，反过来，其余五个阳爻都和六二阴爻相合。由此可见，同人不是小范围的个别的同，而是要和所有人同。离卦居于同人的下卦即内卦，离卦代表心，且卦之主爻六二居于离卦正中，所以，同人卦同的是心，并非同族同宗之类的小同，只要心志相同就能同。卦之九五阳爻居阳位，在上卦乾卦的正中，卦之六二阴爻居阴位，在下卦离卦的正中，二者都居中而且阴阳正应，象征着君子心志正定，行为刚健，因此大同卦认为只有君子的这种心志行为才能大同天下。

第十四卦　大有

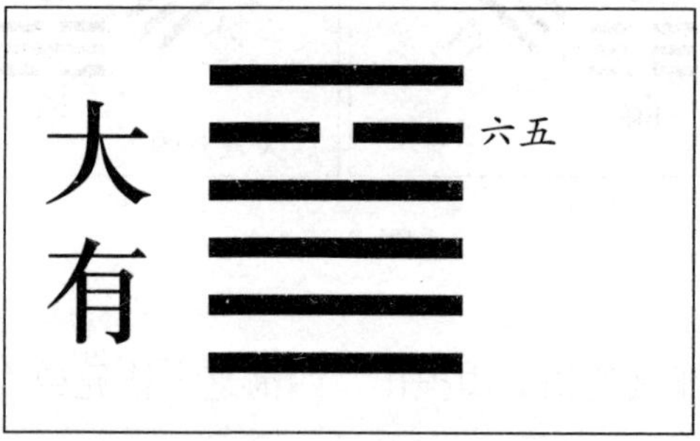

（图 2-22）

大有成，在品行，贵不骄，重百姓，日中天，有光明①。

译：大有意为大为富有，大有的成功在于品行正，尊贵而不骄傲，看重百姓，有如日上中天，阳光普照。

① 大有卦（图 2-22），离上乾下，火天大有。上卦离卦为太阳，下卦乾卦为天，整个卦象有如正午时分，太阳升至天顶正中，光芒普照大地，象征大为富有（图 2-23）。此为“日中天，有光明”。离卦象征文明、美德，乾卦象征刚健，所以刚健而文明的品行，像阳光普照大地那样弘扬善德是实现大有的首要条件。

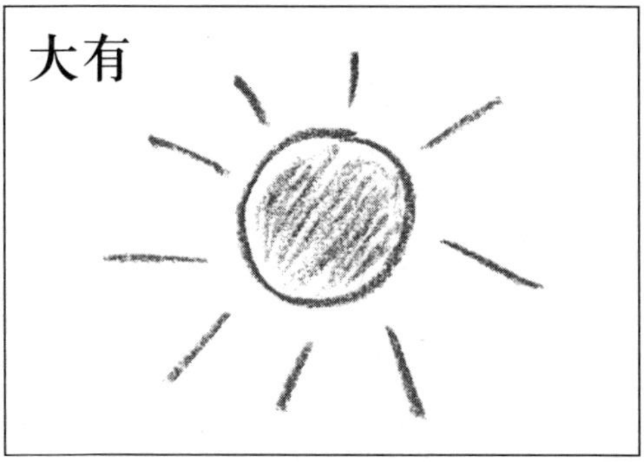

（图 2–23）

六五是全卦唯一的阴爻，是大有卦的主爻。阴为虚，阳为实，六五虽居五之尊位，确是虚，象征六五虽贵为天子但虚怀若谷。其余五爻皆为阳为实，象征天下都有。由此可见，大有并非国家统治者有，统治者胸怀百姓，让天下百姓富裕才是大有。

第十五卦　谦

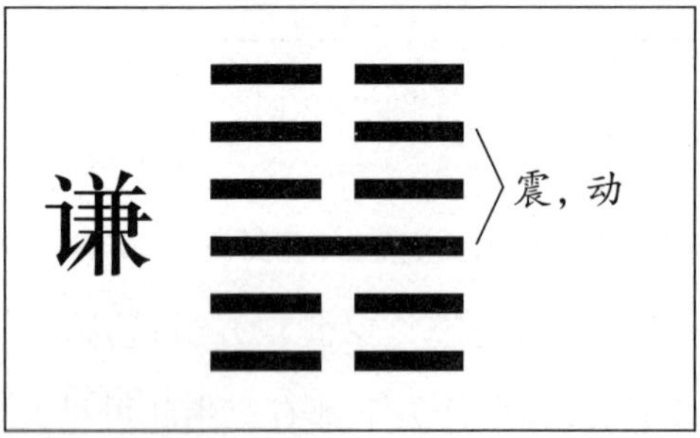

（图 2–24）

谦德高，甘居下，不显山[1]，古今夸，低调行，事业大[2]。

译：谦卦象征谦虚的高尚品德，甘居人下，山虽高而不显。从古至今谦虚的美德一直为人夸赞。谦卦启示想成就大业必须低调行事。

①谦卦（图 2–24），坤上艮下，地山谦。上卦坤卦为地，下卦艮卦为山，山本应高高耸立地上，此时却屈居地下，谦卦以此象征谦逊的美德（图 2–25）。孔子《象传》曰："地中有山，谦；君子以裒多益寡，称物平施"。

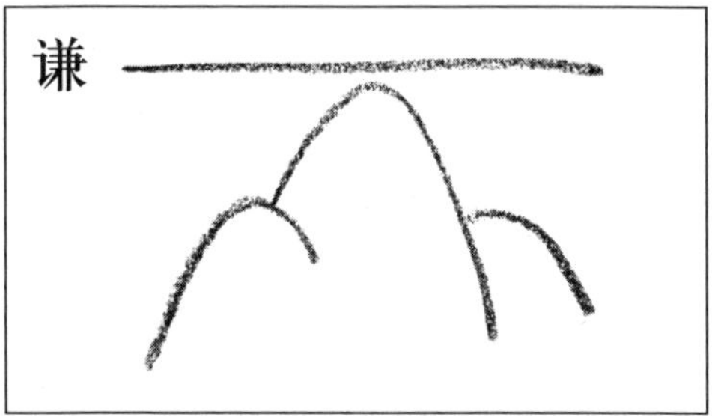

（图 2-25）

正所谓日中则昃，月盈则亏，水满则溢，地壳运动让沧海变桑田，高山成深谷，天地的法则是以满益谦。君子应从中领悟天地的公平，社会应减少多余补充不足。《易经》将谦卦安排在大有卦之后，颇有深意。人富有之后要注意保持谦虚的品质，不要高傲；社会富有了要注意福利保障，避免贫富差距过大。

② 从卦象看，九三是全卦唯一的阳爻，九三既是下卦艮卦之主爻也是谦卦的主爻。由此，在内，谦卦象征君子内修谦逊之德，做人低调，如高山屈居于地下。在外，九三与六四六五组成震卦，震代表行、代表动，这象征君子应发挥谦虚的美德，用谦逊感化别人，成就事业。另一方面，从天地以满益谦的法则，成就大业者应领悟到公益慈善事业的重要性，减少自己补充他人，以此让自己谦，这也是成就事业的一个重要方面。

第十六卦　豫

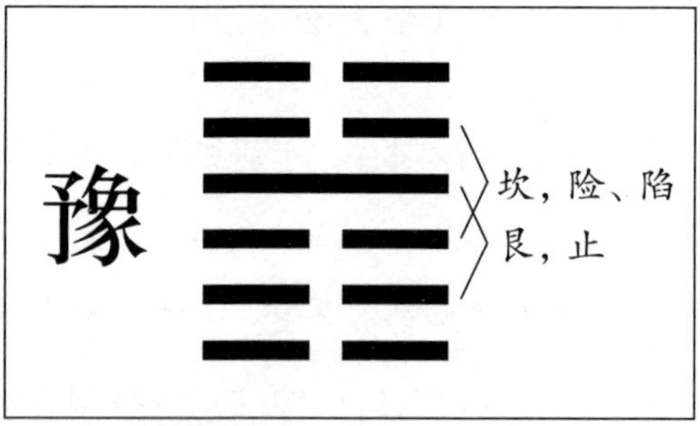

（图 2–26）

豫乐享，载誉满①，位不正，上下瞒，谗君主，众人烦②。

译：豫通“娱”，象征娱乐享受。人有了荣誉就容易自满，摆不正自己的位置，欺上瞒下，谄媚君主，让众人厌烦。

① 豫卦（图 2–26），震上坤下，雷地豫。上卦震卦代表雷，下卦坤卦代表地，雷出大地，轰隆振奋，就像古代帝王正在举行大型的庆典祭祀活动，礼乐齐鸣，歌功颂德（图 2–27）。是以豫卦象征娱乐。孔子《彖传》曰：“豫，顺以动，故天地如之”，“天地以顺动，故日月不过，而四时不忒。圣人以顺动，则刑罚清而民服。豫之时义大矣哉”。下卦坤卦为顺，上卦震卦为动，所以

豫卦是顺而动。天地按照顺以动的原则，遵循规律，日升月落，春夏秋冬，从不出错。圣人由此也顺以动，清楚事实准确量刑使人民信服。由此看出，豫卦顺应的是客观规律，客观事实，只有顺应规律而动才是真正的快乐。

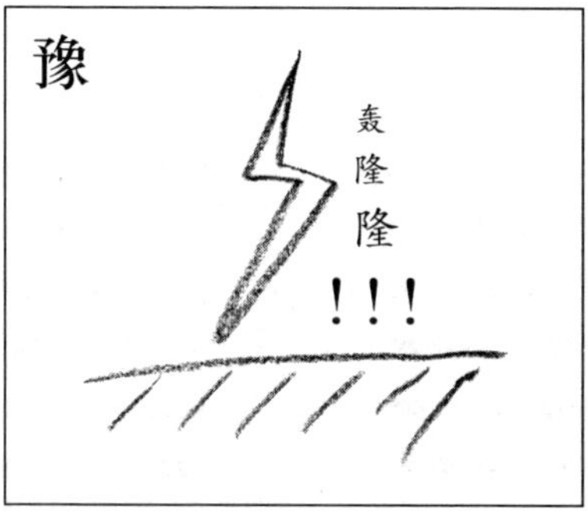

（图 2–27）

② 任何事物都是有两面性的，娱的同时也要预，这是豫卦揭示的另一重含义。九四是全卦唯一的阳爻，是豫卦之主爻，然而四是阴位，五是阳位尊位，豫卦九四为阳而六五为阴，所以九四处位不正，没有摆正自己的位置。不仅如此，九四与下面两个阴爻六三和六二组成了艮卦，艮卦为山为止，象征九四像一座山一样横亘在处于尊位的六五与下卦坤卦之间，阻挡了统治者与民众的沟通。另一方面，九四与六三六五又构成了坎卦，坎卦为险为陷，九四作为坎之主爻，其实已经深陷险中而不自知，还在豫，这是盲目的豫自满的豫。因此，豫卦的意义在于即使已取得小小成绩也不要自鸣得意，更不能做阻碍上下关系的小人。

第十七卦　随

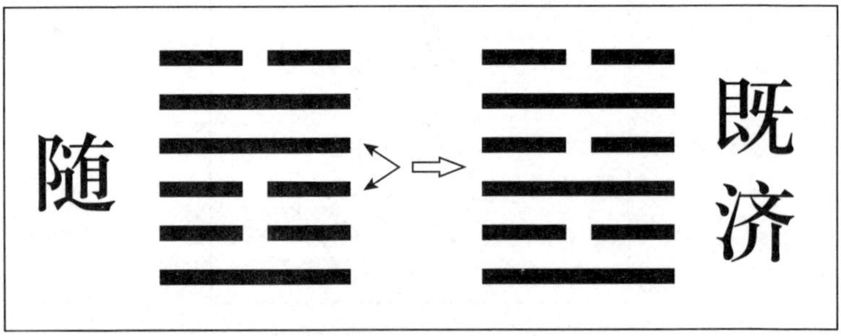

（图 2–28）

随自然，识时务[①]，人位变，方为亨，知活络，万事通[②]。

译： 随卦讲究顺其自然，认清形势，识时务者为俊杰。在人的位置上顺应自然规律去改变，才能亨通；明白活络的道理，才能万事亨通。

① 随卦（图 2–28），兑上震下，泽雷随。上卦兑卦在西方，代表日落；下卦震卦在东方，代表日出。卦象的意思是君子应当日出而作，日落而息，顺应天时。因此，随的含义是顺应自然规律的变化，形势的变化而行动（下卦震卦为动）才是正确的。

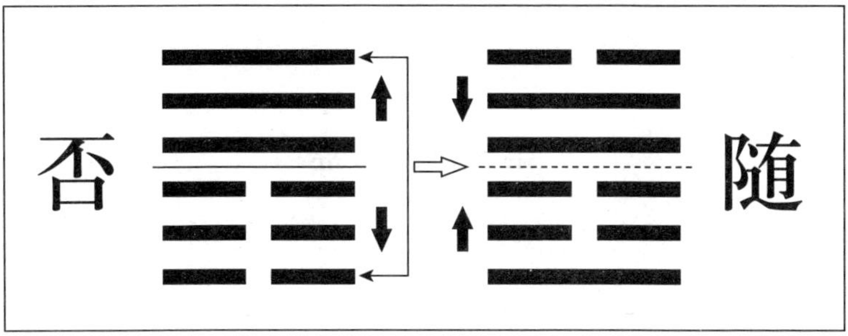

（图 2–29）

② 随卦是由否卦演变而来（图 2–29）。否卦乾上坤下，最上面的阳爻与最下面的阴爻互换位置，就变为随卦。否卦本是天地不通，两爻互换之后，下卦坤卦变震卦，由阴卦变阳卦，上卦乾卦变兑卦，由阳卦变阴卦，现在阳在下阴在上，象征阳刚主动下行而使阴柔愉悦，阴柔因此乐意随从阳刚，此时，阴阳相通，天地的形势发生了根本性的转变。进一步分析随卦六爻，初九阳爻居阳位，六二阴爻居阴位，代表地位的两爻都当位；九五阳爻居阳位，上六阴爻居阴位，代表天位的两爻也都当位。唯独代表人位的六三和九四，一个阴居阳位，一个阳居阴位，处位不正。六三和九四之所以处位不当是因为没有改变，既然天地已经改变，人的行动也应顺应天地而变。此时若将六三和九四也互换位置，则随卦变成既济卦，六爻皆阴阳当位，水火既济，象征问题解决。由此，随卦启示人应懂得根据时代形势的改变而变通自己，如此才能“万事通”。这与国家倡导的与时俱进不谋而合。

第十八卦　蛊

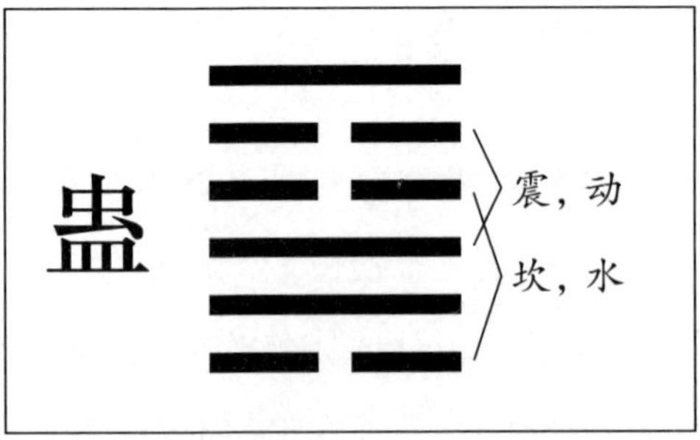

（图 2-30）

蛊卦象，安现状[①]**，如器皿，久不荡，洁自身，心胸畅**[②]**。**

译：蛊卦象征安于现状，就像一个容器放置久了也不清洗，就会滋生细菌就会蛊。为了防止蛊就要洁净自身，心胸舒畅。

① 蛊卦（图 2-30），艮上巽下，山风蛊。相传蛊是人工培养的毒虫，中蛊之人因蛊虫从身体内部发作而死亡。上卦艮卦为山，下卦巽卦为风，山下有风，山脚正在风化，有蛊之象（图 3-31）。蛊卦由泰卦演化而来（图 2-32），泰卦最下面的阳爻与最上面的阴爻互换，变成蛊卦。下卦巽卦有顺之意，上卦艮卦有止之意，象征安泰之后，因顺而停止前进，安于现状，这是蛊产生的原因。

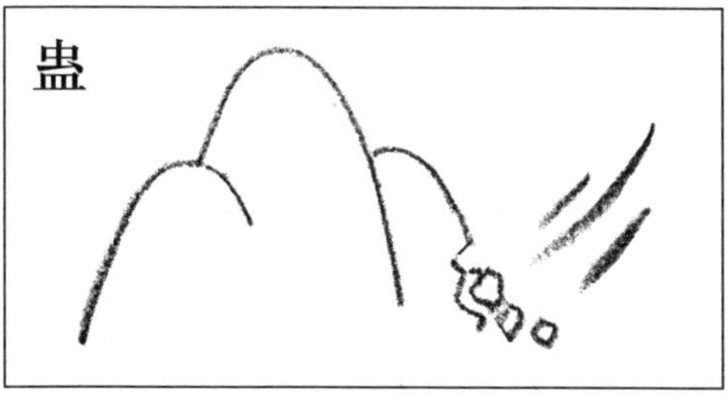

（图 2-31）

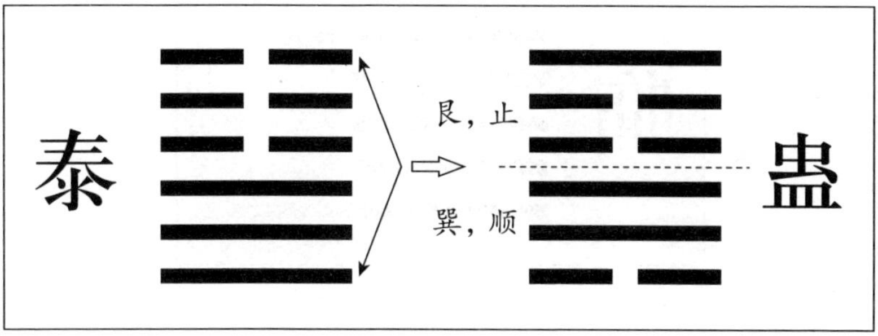

（图 2-32）

② 蛊既已产生，如何能治蛊？蛊卦不仅揭示了蛊产生的原因，也启示了治蛊的方法。从初爻到四爻是放大的坎卦，坎卦为水；九三六四六五组成了震卦，震卦为动；上卦艮卦本身就像一个倒扣的碗。所以治蛊的方法很简单，经常从内部用水清洗碗，就能将蛊除掉。由蛊卦联想到《孟子》中“生于忧患，死于安乐”。人在安逸的环境中，容易失去斗志而停止前进的脚步；国家在国泰民安的形势下容易滋生腐败。因此越是形势大好之时，越是要重视自省，重视防腐反腐，如此才能不蛊。

第十九卦　临

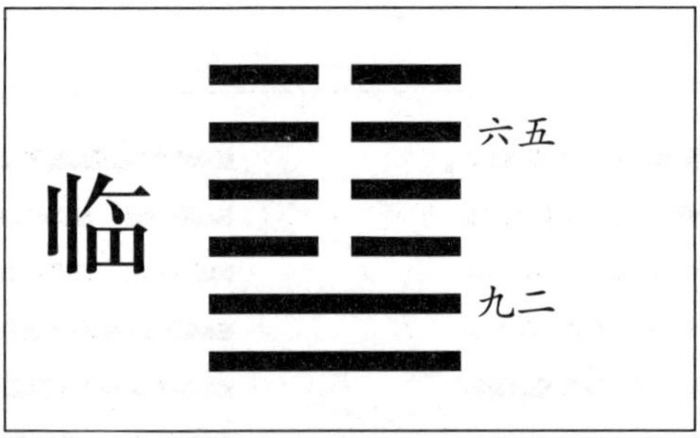

（图 2-33）

临下沉[1]，深扎根，近平民，得人心，知真情，长智慧。

译：临卦表示下沉，启示领导要深入基层，亲近民众，从而取得民心，了解基层的真实情况，汇聚民众的智慧。

① 临卦（图 2-33），坤上兑下，地泽临。代表官的阳爻到了最下面，代表群众的阴爻到了上面，因此临卦有亲临、下临之意。孔子《象传》曰："泽上有地，临。君子以教思无穷，容保民无疆"。

领导者位高权重，本应在民众之上，此时却甘居民众之下，像泽水润泽大地那样施恩于民，因而得到人民喜悦的顺从（下卦兑卦为悦，上卦坤卦为顺）。临卦九二位于下卦正中，六五位于上卦坤卦正中，二者居中而阴阳相应，象征领导者深入基层的行为使领导者与民众心意相通，汇聚民众的想法、智慧，从而能够更好地领导执政。孔子提出的“节用而爱人，使民以时”的思想和孟子的“民为贵，社稷次之，君为轻”仁政思想，都是亲民、爱民的体现。春秋末期，齐国齐景公奢侈无度、厚赋重刑，人民苦不堪言。而齐国大夫田氏体察民情，施行新政，收粮的时候用小斗，借给人民粮食的时候用大斗，从而深得民心，最终田氏掌握了齐国的政权。这个著名的田氏代齐的典故体现了临卦的思想，即统治者应当亲民、爱民、利民，轻刑薄赋，听政于民。

第二十卦　观

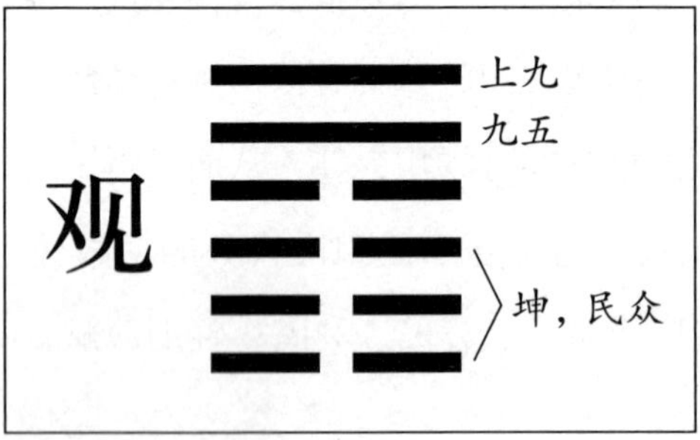

（图 2-34）

观是管①，号令显，用祭祀，一统天②，做榜样，行示范③。

译： 观卦象征教化管理，像古代天子举行隆重的祭天仪式，发号施令，一统天下。观卦启示身居高位的领导者应规范自己的行为，给民众起到榜样示范作用。

① 观，谐音“管”，讲的是管理的学问。

② 观卦（图 2-34），巽上坤下，风地观。观卦的卦象初爻至五爻是一个祭台，上九代表祭台上的祭品，天子在率领民众搞祭天活动（图 2-35）。皇帝通过祭祀活动来统一全民的思想，利于统治和领导。

（图 2–35）

③ 观卦之观是有多重含义的。九五是观卦的中心，代表天子，代表我，观卦的第一重含义是民众观我。天子高高在上，为万民仰望，天子的一举一动都成为民众效仿的榜样。就像唐明皇宠爱杨贵妃，所以唐朝女子皆以胖为美。九五处在上卦中位，居中而正，所以，为领导者要保持自身中正，从而给予民众正确的导向。观的第二重含义是我观民众。上卦巽卦代表风，有入之意，下卦坤卦为地，风行地上，无孔不入。天子应从中领悟到对民众的观察要像风行地上那样广泛而深入。上卦巽卦有谦逊之意，下卦坤卦有顺之意，上卦九五与下卦六二阴阳相应，象征天子以谦逊的态度观察了解民众，真正听进去民众的声音，民众因此乐于顺从。观的第三重含义是我观天。九五上观上九，上九高于九五至尊，象征天。天即天道，代表着自然客观规律。孔子《彖传》曰："观天之神道，而四时不忒，圣人以神道设教，而天下服矣"。处于九五之位的天子，应能领悟天地自然的客观规律，昼夜更替，四季不乱，并以此设立教育，让天下人信服。

第二十一卦　噬嗑

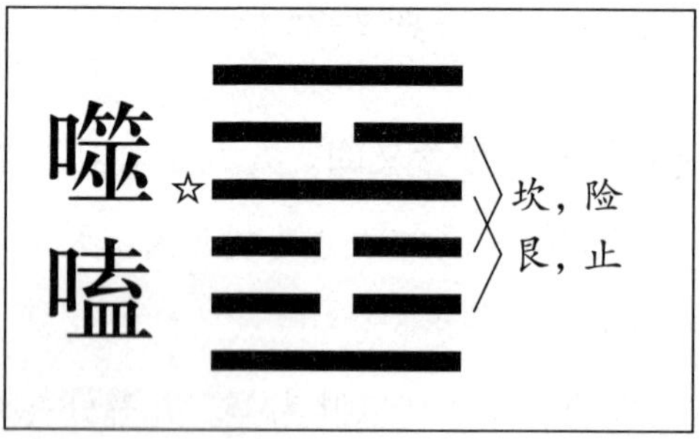

（图 2–36）

噬嗑法，有威严[①]**，抓要害，牛鼻牵，惩不贷，保民安**[②]**。**

译：噬嗑代表法律，极具威严。噬嗑卦象启示解决问题要抓住要害，就好比牵牛要牵牛鼻子，对社会中的违法现象要依照法律严惩不贷，保护人民的平安。

①噬嗑卦（图 2–36），离上震下，火雷噬嗑。噬嗑的本义是咬，从卦象上看，噬嗑卦的上下两个阳爻就像上下牙齿，中间四爻就是口中一块带骨头的肉。所以卦名噬嗑（图 2–37）。上卦离卦为火为光，下卦震卦为雷，整个卦象电闪雷鸣，十分威严。由此噬嗑卦象征国家法律严明，对不法现象严惩不贷。孔子《象

传》曰:“雷电噬嗑，先王以明罚敕法”。

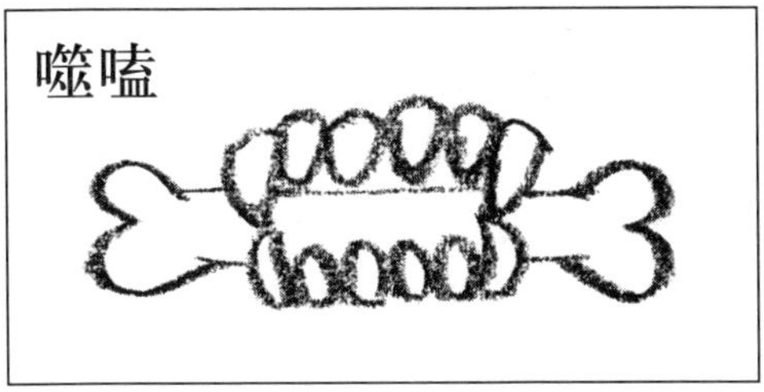

（图 2-37）

② 根据噬嗑的卦象，九四（卦中用“☆”标出）是中间四爻中唯一的阳爻，阳为刚，象征九四就是口中的那块最难啃的硬骨头，代表着社会中真正的违法行为。噬嗑的关键就是要将九四咬断。九四咬断了就变六四，则噬嗑的中间四爻都成阴爻，就成了坤，就顺了。所以这启示解决问题要抓住问题的关键，正所谓“射人先射马，擒贼先擒王”。

然而九四这根硬骨藏在肉中，想要攻克九四可谓困难重重。首先，九四与六三、六二组成艮卦，艮为山有止之意，代表九四像块硬石头一样在阻止噬嗑。其次，九四与六五、六三组成坎卦，坎为险为陷，九四在坎卦正中代表九四就是危险的核心。因此噬嗑卦的主旨是依法治国。社会的违法现象是顽固而险恶的，法律的制定和执行都必须像雷鸣闪电那样神圣威严，对违法行为严惩不贷。

第二十二卦　贲

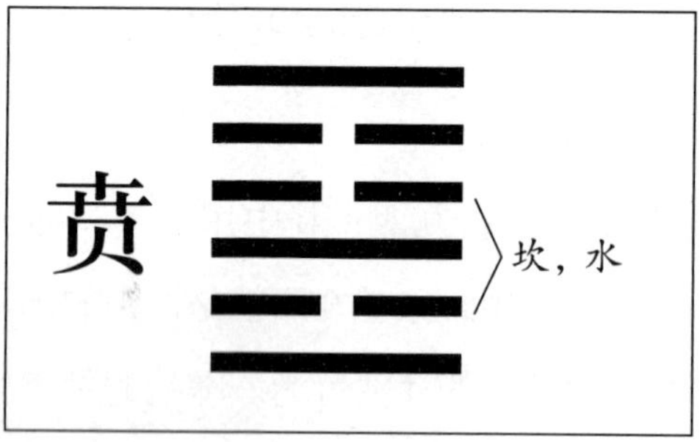

（图 2–38）

贲似面，人重脸，每天洗[①]，修完善，德治国，誉满天[②]。

译： 贲卦像是人的脸，人都重视脸面，每天洗脸、修饰。贲卦以此启示统治者应以德治国，才能誉满天下。

① 贲卦（图 2–38），艮上离下，山火贲。贲本身有文饰、装饰的意思。从卦象看，贲卦像是一张人的脸，六五和六四是眉毛和眼睛，九三是鼻子，下面的六二是胡须，最下面的初爻是嘴巴（图 2–39）。其中二爻三爻四爻组成了坎卦，坎为水，象征人们注重自己的脸面，每天洗脸修面。

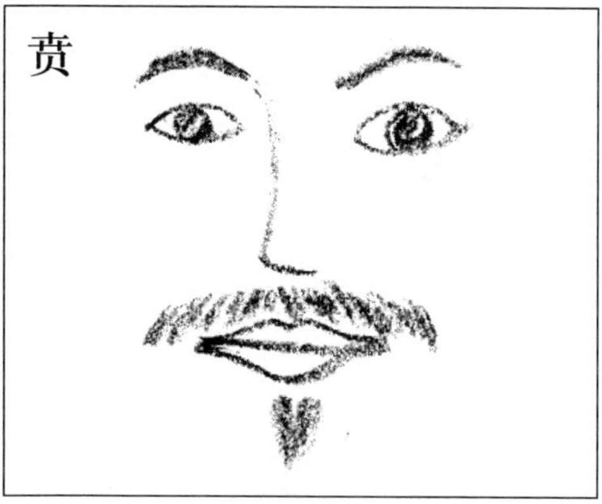

（图 2–39）

② 孔子《象传》曰："山下有火，贲。君子以明庶政"。上卦艮卦为山，下卦离卦为火，火映山红，贲是以火来文饰山的美丽。火是人类从原始社会走向文明社会的标志，因此火象征文明、文化、美德。如果将贲比作国家的脸面，贲卦是在启示用文明、文化来美化江山社稷。此为"以明庶政"。用现在的话来说，就是国家的精神文明建设，以德治国。并且，精神文明建设也应像人们每天洗脸那样持之以恒。

第二十三卦　剥

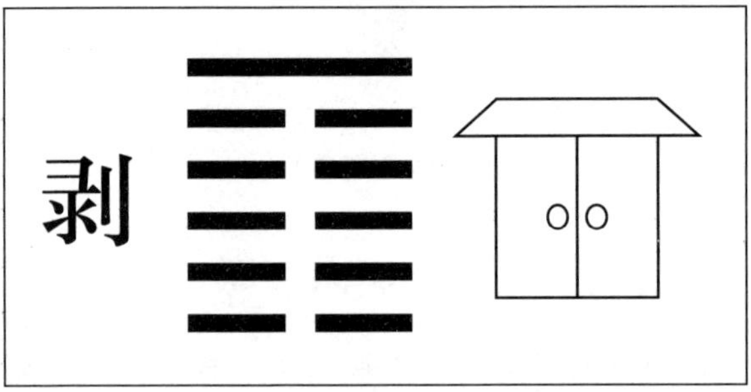

（图 2–40）

剥是门，防邪侵[①]，立冬至，天下阴，锁门户，修本根[②]。

译：剥像一扇门，防止阴邪侵袭。在一年中，剥卦象征立冬节气已经到了，越来越阴冷，此时应当关紧门户，修养身心。

① 剥卦（图 2–40），艮上坤下，山地剥。从卦象上看，剥卦像一扇大门。整个卦下方五个阴爻，仅剩最上面一个阳爻，阴盛阳衰且有群阴剥阳之象，所以叫剥。据此卦象应当紧闭大门，不能让阴邪再继续侵入了。这启示人们应敏锐地察觉危险的接近，及时制止。

② 上卦艮卦为山，下卦坤卦为地，山依附于地为剥。草木

春天生发，夏天茂盛，秋天硕果累累，都不能见山，唯独到了秋末冬初，草木枯黄凋零，才能看见山依附于大地。因此，从这个角度看，剥卦大约相当于一年中的冬至节气，天气越来越阴冷，阳气仅一息尚存（上九）。

下卦坤卦为顺，上卦艮卦为止。春夏秋冬四季更替是自然规律，所以到了剥卦时节，草木顺应规律停止生长，将精气贮藏于根部，等待来年春天再次生发。自然如此，人也如此。人生也总有不如意的时候，在逆境中要顺势而止，像草木那样变进为守，修养根本，保存实力，等待下一个春天的机会更好地发展。

第二十四卦　复

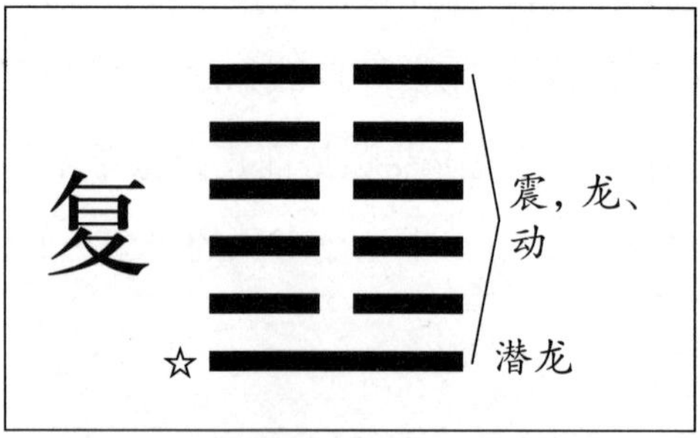

（图 2-41）

复元始，地中雷，乾初交，布祥云，冰雪化，春水临[①]。

译：复卦是新周期的开始，春雷藏于大地中，乾爻刚与坤卦的初爻相交，象征天上布满祥云，冰雪开始融化，春天就要来了。

① 复卦（图 2-41），坤上震下，地雷复。上卦坤卦为地，下卦震卦为雷，雷隐藏在地中，蓄势待发。乾爻交于坤卦的初爻成为复，尽管此时阴气还是处于绝对的优势，但在阴气之下，阳气已经积蓄。下卦震卦为动，最下面唯一的阳爻（在卦中用“☆”标出）蠢蠢欲动。从剥卦群阴剥阳，到复卦一阳复生，这是上一

个周期的结束和新一个周期的开始。

如同冬去春来，昼夜更替，复卦中的周期代表的是不以人的意志为转移的客观规律。复卦的主爻初九象征阳气刚开始复苏，刚有一乾爻交于坤卦。这正像是乾卦的初九，初九为潜龙，《易经》乾卦卦辞曰："初九，潜龙，勿用"。尽管复卦整体看起来是一个放大的震卦，动感十足，然而此时的阳气尚弱，不能与五个阴爻的气势抗衡，因而当人们处在复卦时，应谨记"潜龙勿用"，虽然形势渐渐明朗，也不可急躁冒进。复卦二爻至上六是五个阴爻，是坤卦，坤为阴为顺，所以复卦初九的动要顺应客观规律而动，不是妄动。

第二十五卦　无妄

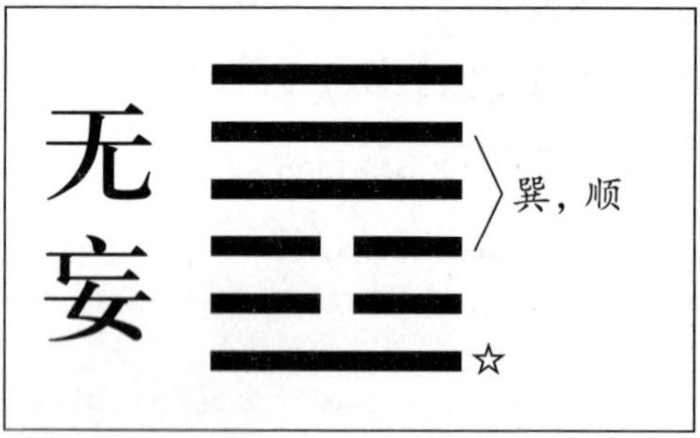

（图 2-42）

无妄为，尚无为，承天意[①]**，依君愿，谋事前，找本源**[②]。

译： 无妄是不妄为，崇尚顺应天意，无为而治。由此启示依照君主的意愿行事，在谋划事情之前，先找到事情的本源。

① 无妄卦（图 2-42），乾上震下，天雷无妄。关于妄，人们常说轻举妄动，因此无妄之意就是不要轻举妄动。孔子《彖传》曰："无妄，刚自外来而为主于内。动而建，刚中而应，大亨以正，天之命也。"无妄卦上卦为乾，下卦为震，初九阳爻（在卦中用"☆"标出）是下卦震的主爻。"刚自外来而为主于内"意指初九是从外卦乾来到下方而成为震之主爻。乾为天道，代表客观规

律，初九自乾来，因而初九也代表着客观规律。六三九四九五三爻组成了巽卦，巽为顺。所以无妄卦的含义在于客观规律是事物的发展的主要推动力，推动事物顺应客观规律发展，此乃“天之命也”，人们应体会客观规律的作用，顺其自然，不要妄为。老子崇尚无为而治，关于无妄，老子有一段劝慰孔子的话非常经典：“天地无人推而自行，日月无人燃而自明，星辰无人列而自序，禽兽无人造而自生。此乃自然为之也，何劳人乎？”

② 无妄卦上卦乾卦为君，下卦震卦为臣为动。臣在君之下，告诉我们要顺从君意而动。启发我们在做任何事情之前要认真研究领导意图，同时找到事情的规律性变化，然后再行动，才没有无妄之错，更不会有无妄之灾。

第二十六卦　大畜

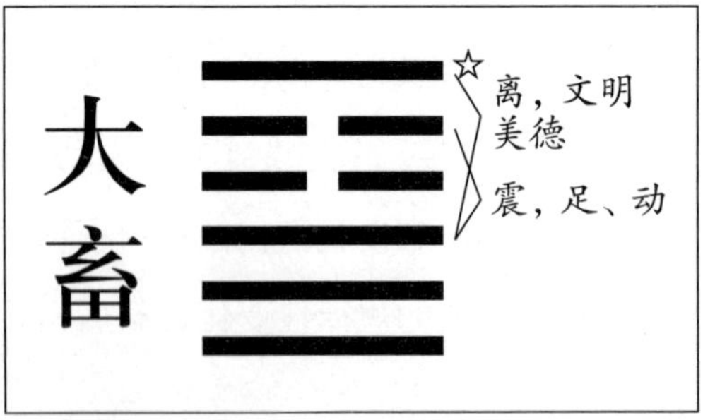

（图 2-43）

大畜德，涵养高[①]，平天下，是英豪，天外山，有节操[②]。

译：大蓄卦寓意美德涵养的积蓄有如天外仙山般，高高耸立。想要积蓄如此美德，英雄圣贤们需得走向社会，胸怀天下，始终保持刚上的节操。

① 大畜卦（图 2-43），艮上乾下，山天大畜。“畜”通“蓄”，积蓄之意。上卦艮卦为山，下卦乾卦为天，山之高直耸入天，好似有什么东西蓄积得很多，都要堆到天上去了，所以称为大畜（图 2-44）。从九三到上九四爻组成了一个放大的离卦，离为火、为太阳，象征文明、美德、涵养。因而大畜卦所蓄积的是美德和

涵养，也象征美德和涵养的蓄积有如太阳高悬天上，照耀天下。

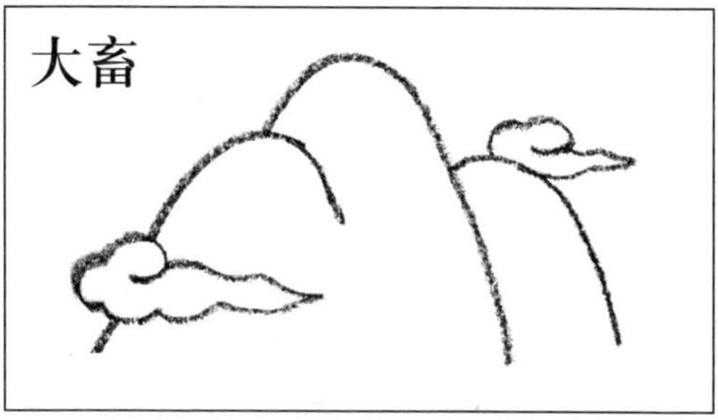

（图 2–44）

② 如何能继续如此美德涵养呢？大畜卦也做了启示。内卦乾象征内心刚健，九三六四和六五三爻组成了震卦，位于乾之上，象征内心刚健之人行走天下，四海为家，正如古人云："行万里路，读万卷书。"因而，美德大畜之人首先是个心志坚定中正，深入社会，阅历丰富之人。当看尽人生百态，经历世间沧桑，人生来到六五，猛然抬头，上九天道高高在上，无可逾越。至此感悟，顺应天道，即顺从天地自然的客观规律才是大畜之德的真正含义。以遵循客观的美德和涵养来控制自己刚健的内心和欲望，此为大畜也。

第二十七卦　颐

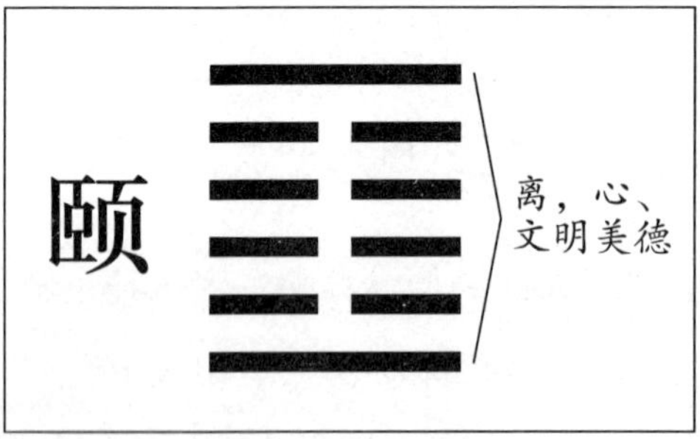

（图 2–45）

颐为养[①]**，要强健，欲养身，心地宽，首养性，善为先**[②]。

译：颐卦是讲颐养，养生。要身体强健，就要养身，养身先养心，养心的关键是心胸宽广，修养善的美德。

① 颐卦（图 2–45），艮上震下，山雷颐。颐卦看起来就像一张口，上下两个阳爻是上下嘴唇，中间是两排牙齿（图 2–46）。颐卦上卦艮卦为止，下卦震卦为动，人的口也是上牙不动下牙动。口有两个作用：吃和说。人吃是为了补充营养，所以颐有颐养、保养、养生的意思。孔子《象传》曰："山下有雷，颐。君子以慎言语，节饮食"。颐卦上卦艮卦为山为止，下卦震卦为雷为动，

雷声止于山下。因此，颐养要求节制，节制饮食并且谨慎言语。

（图 2–46）

② 从卦象整体看，颐卦是一个放大的离卦。离代表心，因而颐养也是养心。俗话说养生先养心。不养心就无法控制对美食和说话的欲望，也就无法“慎言语，节饮食”。所以养心是颐养的根本。离卦中间的阴爻放大成了颐，象征着心宽为颐。同时，离卦也象征文明、美德、涵养。因此，心胸宽广、修养美德是养心的关键。

第二十八卦　大过

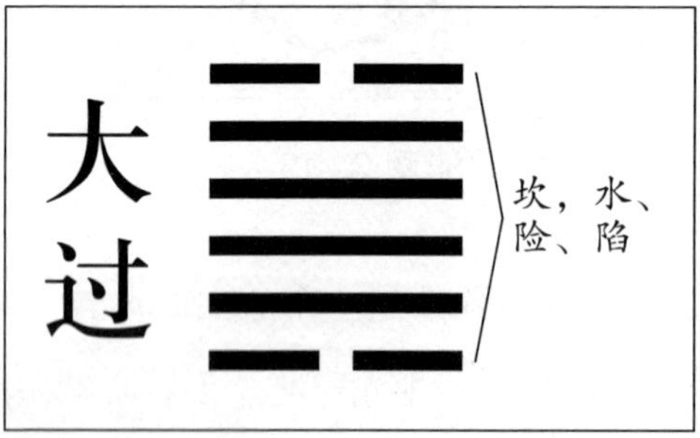

（图 2–47）

大过卦，似只船，帝在舟，摇不断[①]**，小人陷，君子险**[②]**。**

译：大过卦看起来像一只船，皇帝在船中央，船不断摇晃，小心小人陷害，君子有危险。

① 大过卦（图 2–47），兑上巽下，泽风大过。大过意指大者过，阳为大，阴为小，所以大过卦看起来像一个两头小，中间大的东西。上卦兑卦为泽，下卦巽卦为木，大过卦整体是一个放大的坎卦，坎为水。在水中，和木头有关，而且两头小中间大者为何？船也。九二到九五四个阳爻在中间，组成互卦乾卦，象征君主。下卦巽卦代表木、代表风，木在泽之下，又处于坎水之中。

由此，眼前出现一幅画面：一只小船行于水上，风雨飘摇，皇帝身处船中，危险（图 2-48）。

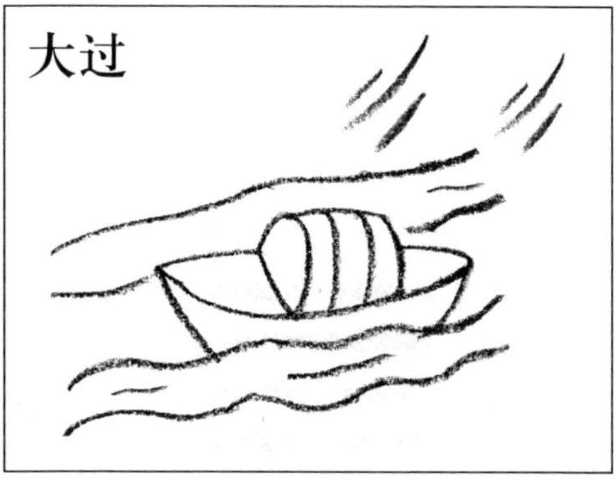

（图 2-48）

② 坎卦本身有险、陷的意思。大过中的互卦乾卦处在两个阴爻中间。阴为小，因而像是有小人将乾包围，要陷害乾。然而阳爻是坎卦的主爻，坎卦的阳爻放大变成大过卦，象征大过之险是因为阳爻过多，阴阳失衡。阳为大，阳者过就是大者过，这是大过的含义。人不能无阳刚之气，然而阳刚过度就是高傲、霸道，难以与人相处，甚至树敌。因此大过卦启示做人应刚柔有度。

第二十九卦　坎

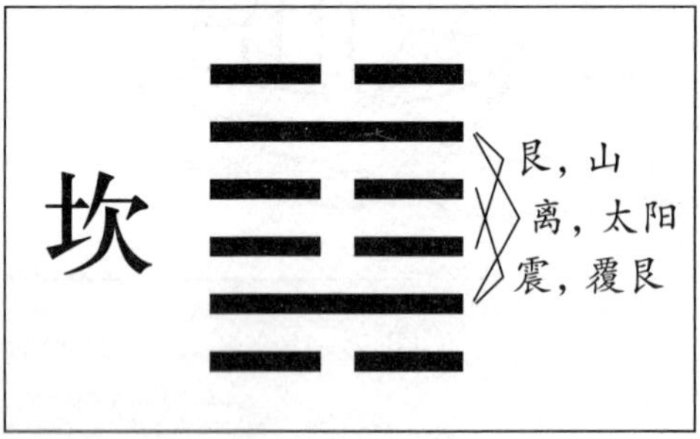

（图 2-49）

坎重坎，水涟涟①**，去上下，露笑脸，困境中，不悲观**②。

译：坎卦是由两个单卦坎卦上下重叠而成。上坎下坎，坎水涟涟。虽然凶险，其实困境之中隐藏着阳光笑脸，所以不要悲观。

① 坎卦（图 2-49），坎上坎下。坎为水，有险、陷之意。坎卦六三、六四、九五三爻组成艮卦，艮为山。九二、六三、六四三爻组成了震卦，震卦是艮卦倒过来，是和艮卦相对的一座山。因而整个坎卦山重水复，艰险重重。

② 孔子《彖传》曰："水流而不盈，行险而不失其信"。坎卦上下都是水，中间互卦艮卦为山，象征水穿过崇山峻岭，继续

奔流向前。水的品质首先是流动，水从不因自己盈满了而不动，即使化为水气升腾天上，水也要动，这象征进取。水的第二个品质是不畏艰险，以柔克刚。正如老子《道德经》中说："天下之至柔，驰骋天下之至坚"。山有多高，水有多高。水是至柔的东西，却能穿山透地。由此，坎卦启示人们在困境之中要领悟水的精神，像水那样不畏艰险、锐意进取、外柔内刚。再者，坎卦中间四爻组成一个放大的离卦，离为太阳。象征即使困境重重也终有拨云见日的时候。正如一首歌中唱到："不经历风雨，怎么见彩虹？"

第三十卦　离

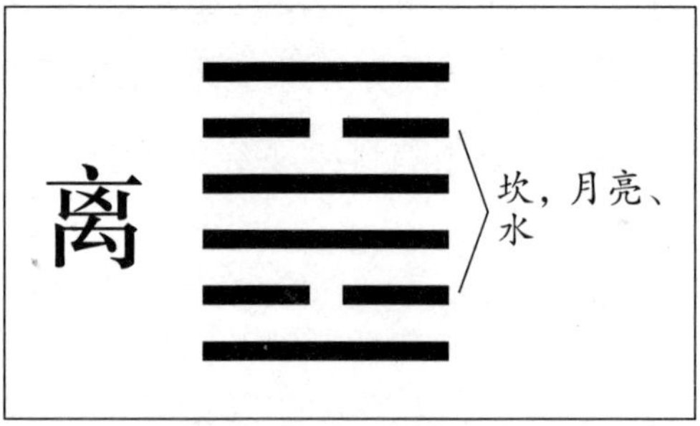

（图 2-50）

离为日，双日现，明治国[①]**，公平显，必昌盛，火通天**[②]。

译：离代表太阳，离卦是由两个离上下叠加而成，像是两个太阳同时出现。据此卦象治理国家的政策措施应让天下人都明白知晓，彰显公平，如此国家才能繁荣昌盛，有如大火通天。

① 离卦（图 2-50），离上离下。离代表太阳，上下两个离卦叠在一起，像是两个太阳高悬天上，照耀天下，无比光明（图 2-51）。另外，离卦的中间四爻组成一个放大的坎卦，坎代表月亮。太阳照耀白天，月亮照亮夜晚，因而，在离卦里，日夜都是光明的。孔子《象传》曰：“明两作，离。大人以继明照于四方”。

由离卦的日夜光明，成就大业者应领悟治理国家应当如太阳月亮照亮白天黑夜那样，施行的政策措施严明公开，没有暗箱操作。

（图 2–51）

② 日月更替而有了白天黑夜，这是一天的概念。因而离卦中的日月也象征着时间。时间对任何人都是公平的。从卦象上看，离卦也像一个天平。九三、九四两个阳爻是天平的杠杆，挑着两边的托盘。所以离卦的深层含义是公平。政策措施严明公开的核心是公平、公正。

第三十一卦　咸

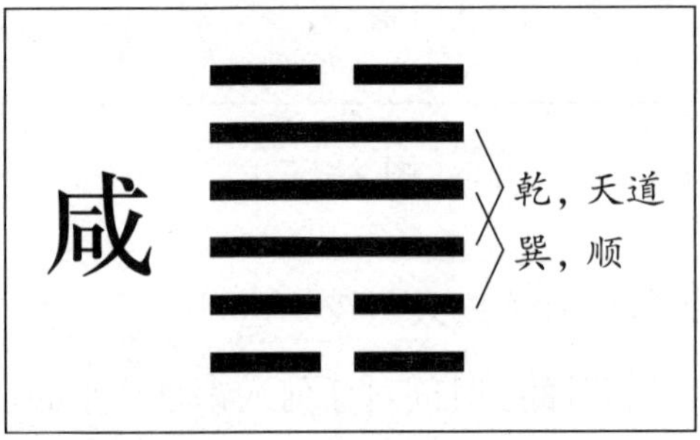

（图 2–52）

咸下经①，痴少男，求偶配，跪人前，感少女，婚姻连②。

译：咸卦开启了《易经》的下经。一个痴情少男，为求婚配，跪于人前，感动了少女，结为夫妻。咸卦借男女之间情感的相互吸引象征天地万物的感应。

①咸卦（图 2–52），兑上艮下，泽山咸。易经共六十四卦，分为上经和下经。上经三十卦，下经三十四卦，咸卦正好是下经第一卦。

②咸，通“感”，即感应。咸自身有“都、全部”之意。咸卦上卦三爻与下卦三爻都阴阳相应。因此咸卦可理解为都感应。

下卦艮卦代表少男，上卦兑卦代表少女。少男居下而少女居上，整个卦象犹如少男跪于少女前，向少女求婚。兑有喜悦之意，象征少女感应到了少男的痴情，愉悦地接受求婚（图 2–53）。

（图 2–53）

孔子《彖传》曰：“咸，感也。天地感而万物化生，圣人感人心而天下和平。观其所感，则天地万物之情可见矣”。天地万物都是有感应的，青蛙感应到冬天来临而冬眠，种子感应到春天来临而发芽。这是感应的普遍性。咸卦二爻至四爻组成巽卦，巽为顺，三爻至五爻组成乾卦，乾卦为天道。因而咸卦之感是顺应天道的感，是顺应客观，感知客观的感。这是感应的客观性。由此，咸卦启示人的主观意识应顺应客观现实，这才是人们常说的天人感应。

第三十二卦　恒

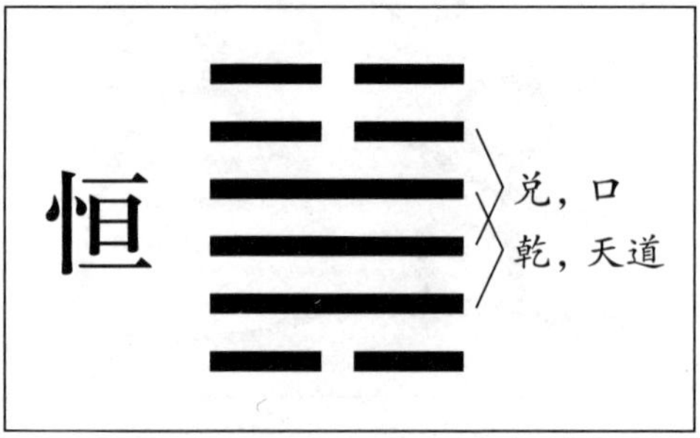

（图 2-54）

恒长久，风雷走[①]，夫唱歌，妇拍手，内外别，到白头[②]。

译：恒卦象征永恒、长久。风雷相伴而行，如同夫妻两人，男主外女主内，夫唱妇随，白头偕老。

① 恒卦（图 2-54），震上巽下，雷风恒。上卦震卦代表雷和动，下卦巽卦代表风和顺，上卦三爻与下卦三爻全部刚柔相应，象征风雷相伴，顺应而动，阴阳相应。

② 恒卦上卦震卦为长男，下卦巽卦为长女。从这个角度看恒卦又像是夫妻两个结伴而行。震处外卦而巽处内卦象征男主外女主内。卦中三爻至五爻组成兑卦，兑为口，震为动，好似丈夫

在唱歌，妻子顺着丈夫的歌声在打节拍。由此恒卦卦象有夫唱妇随、感情融洽、白头偕老之意（图 2–55）。

（图 2–55）

恒卦和咸卦一样三阴三阳，上卦下卦都阴阳相应，卦中也都包含乾之天道。咸卦是因感应天道而悦，恒卦是顺应天道而动。从咸到恒，是一个从认识到行动的过程。孔子《彖传》曰：“日月得天道而能久照，四时变化而能久成，圣人久于其道而天下化成。观其所恒，而天地万物之情可见矣”。日月规律的交替出现而能持久照明，四季周而复始的变化而能使万物生发。震卦为春，巽卦为秋，春秋就代表一年的更替变化。由此，天地万物是一直运动而不会停止的，而事物的运动又有各自的规律，这是永恒的天地之道。此为恒的第一重含义。圣人感悟天地之道而能持之以恒地坚持顺应客观规律，从而教化天下成就大事。因此持之以恒地坚持天地之道，顺应客观规律是恒卦的第二重含义。

第三十三卦　遁

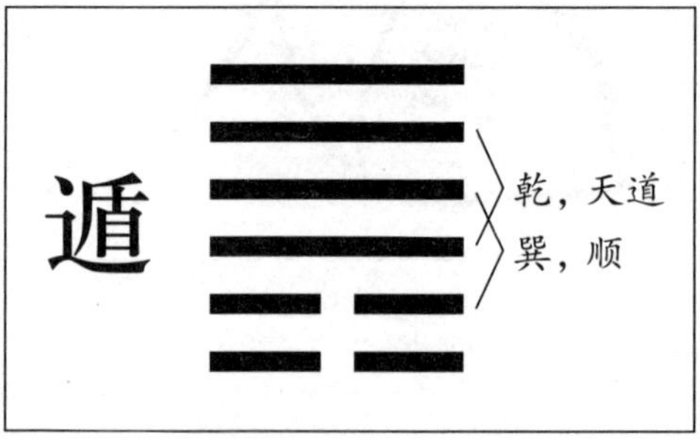

（图 2–56）

遁在山[①]**，有遗篇，说亢龙，依时断，激流退，美名传**[②]**。**

译：遁卦好似圣贤主动隐退于山上，从而给世人留下千古佳话。亢龙本有悔，但亢龙此时能顺时依势而断，激流勇退，就无悔，且美名流传。

①遁卦（图2–56），乾上艮下，天山遁。遁是“遁退”的意思。上卦乾卦为龙、为天子，可看作大人物，下卦艮卦为山。大人物上了山有退隐山林之意，所以为遁（图 2–57）。

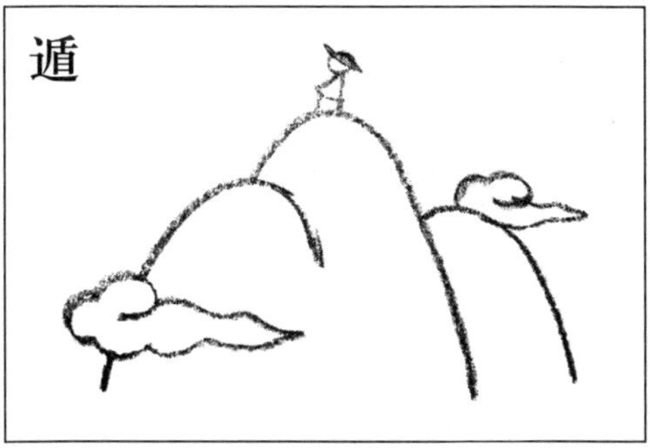

（图 2-57）

② 遁卦上面四个阳爻，下面两个阴爻，看起来阳还处在绝对的优势地位，但阴爻继续向上发展的趋势已然形成，就好象夏至时节尽管太阳依旧炙热，但夜晚渐长，白昼渐短，秋天冬天的脚步已近，阳气顺势而弱了。遁卦的二爻至四爻组成巽卦，为顺；三爻至五爻组成乾卦，为天道。因而遁卦之遁是顺应天道之遁，阴长阳消，新老交替，这些都是自然规律。古代尧舜禅让的故事至今为人称颂。尧的地位如遁卦之九五，居中且正，十分巩固。但尧能看到自己年岁渐大，将无力领导部落的趋势，主动培养并让位给德才兼备的舜。尧深明大义，适时而遁的精神得到众人的赞扬，尧舜禅让因而成为千古佳话。

第三十四卦　大壮

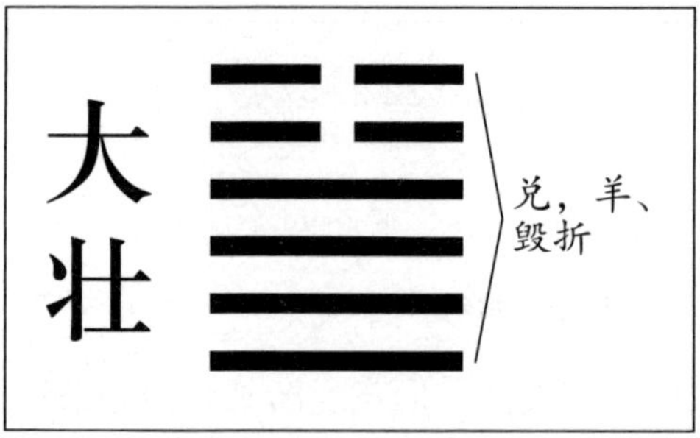

（图 2–58）

大壮猛[①]，种羊拴，牛长大，不让牵，强不中，羝触藩[②]。

译：大壮卦气势刚猛，如同强壮的种羊，此时应该拴住。然而就像牛犊已经长大，不让人牵，只一味刚强而不中正不知止，早晚有一天会像刚狠的公羊一样羊角撞上藩篱而受困。

① 大壮卦（图 2–58），震上乾下，雷天大壮。大壮是大者壮，阳为大即阳气壮。与遁卦的阴长阳消刚好相反，大壮卦的阳爻由初九升至九四逐步逼近上面两个阴爻，是阳气愈来愈盛的时候，所以为大壮。

（图 2–59）

② 从卦象整体来看，大壮卦是一个放大的兑卦，兑卦上部的阴爻似两角，引申为羊、牛等长着两角的动物。因本卦是讲大者壮、阳者壮，因此是公羊，公羊中最刚猛强壮者当属种羊，所以此处将大壮比作“种羊”（图 2–59）。

种羊刚猛何以要拴住呢？大壮卦上卦震卦为足为动，下卦乾卦为天道，因而大壮是履天道而动。阴阳矛盾双方恒久的运动是天之道，阳极阴始，刚折柔生。兑卦本身有毁折的意思，大壮整体的兑卦之象也暗示了过刚易折的道理。由此，大壮卦启示在形势大好之时，要控制住过刚过猛的趋势，保持谦虚、退让的柔仁之心，如此刚柔相济才能长久，否则就如同没有拴住的种羊，终会撞上篱笆而困住羊角。

第三十五卦　晋

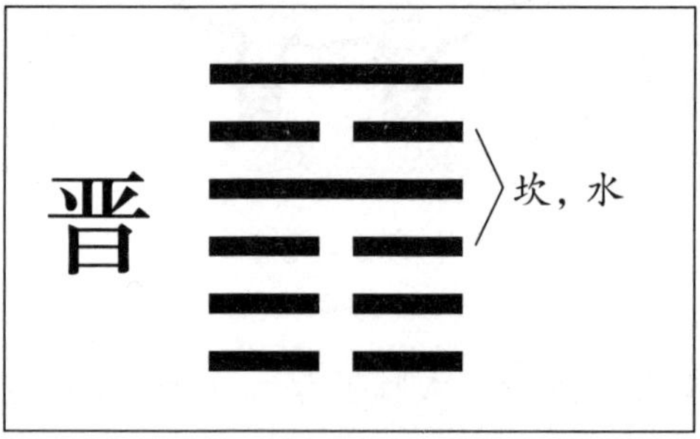

（图 2-60）

晋日出，地平线，阳光下，雨露涵，润万物，福永远[1]。

译：晋象征太阳刚出地平线，正在冉冉升起，阳光雨露滋润万物，福泽绵长。

①晋卦（图 2-60），离上坤下，火地晋。晋是晋升、进取。上卦离卦为太阳，下卦坤卦为地，晋卦卦象有如太阳从地平线正在升起（图 2-61）。卦中三爻至五爻组成坎卦，坎为水，正滋润着坤之大地。阳光普照，雨露滋润，正是万物生长的好时候，所以为晋。

（图 2-61）

晋卦阴爻六五居五之尊位，看似由下卦坤卦中晋升而来，上卦离卦为火，引申为文明、美德。因而晋卦的离之美德，实质是坤柔之德。欲成大事者应从晋卦中领悟：进取当以坤卦那样柔顺、谦逊、包容的美德进取，只有将这样的美德发扬光大，照耀万民（下卦坤卦代表民众），才有光明的前途。

第三十六卦　明夷

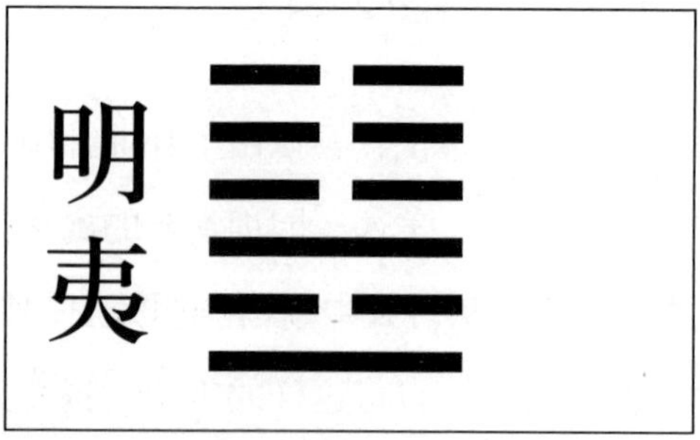

（图 2–62）

明夷卦，与晋反，日落下，不见天[①]**，黑暗中，实力潜**[②]。

译：明夷卦与晋卦相反，太阳完全落下，不见天日，但其实光明的实力就潜藏在黑暗之中。

① 明夷卦（图 2–62），坤上离下，地火明夷。夷有创伤、毁灭之意。与晋卦恰好相反，晋卦表示太阳升到地平线以上，明夷卦表示太阳已下沉入地平线以下，光明受到伤害，大地之上一片黑暗（图 2–63）。明夷以此卦象象征极其不利的形势。

（图 2–63）

② 孔子《象传》曰："明入地下，明夷。内文明而外柔顺，以蒙大难，文王以之。利艰贞，晦其明也"。明夷卦内卦为离卦，代表心又象征文明美德；外卦为坤卦，代表顺。因而在明夷的环境中应采取的态度是"内文明而外柔顺"，即内心有文明大志而外表呈顺从之象，如此才能度过大难免于灾祸。周文王用此策略，在被纣王囚禁羑里之时，佯装对纣王顺从，从各地搜罗美女、宝物等晋献纣王，终于被纣王释放出狱。此后，文王征伐周边小国，壮大势力，为其子姬发伐纣建周奠定了坚实的基础。由此可见，明夷卦启示人们在极其不利的形势下，一方面要保持内心的志向坚贞不变，另一方面要隐藏自己，讲究策略地应对黑暗的现实，如此才能在黑暗中前行。

第三十七卦　家人

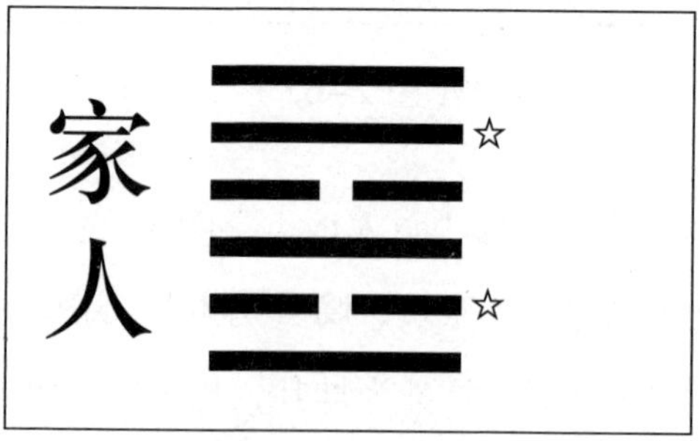

（图 2–64）

家人和，沐春风，寒夜里，有温暖①，男女贞，永相安②。

译： 家人卦象征家庭和睦，如同沐浴春风，在寒冷的夜里也能感受家里的温暖。家中男男女女都各正其位、各司其职，因而家庭能长久安定稳固。

① 家人卦（图 2–64），巽上离下，风火家人。家人卦顾名思义，是讲家庭的和谐问题。外卦巽卦为风，内卦离卦为火，风从燃烧的火中生出，因而风是暖的，内卦离卦象征家的内部也是温暖的。这是家人卦描绘出的一个和谐而美好的家庭画面，拥有这样一个家庭让人如沐春风，内心时刻感受到家的温暖。

② 如何保持家庭长久和睦？孔子《彖传》曰：“女正位乎内，男正位乎外。男女正，天地之大义也”。家人卦的六二爻居下卦中位，柔爻居二之柔位，有如家中慈母，是家庭内部之主。九五爻居上卦中位，刚爻居五之刚位，象征家中严父，是家庭外部的主导。六二和九五都居中守正，男主外而女主内，各司其职，因而家庭安定稳固。从卦的整体来看，上九代表“天”，初爻到五爻代表“天下人”。由卦中可以看出，初爻至五爻都阳居阳位，阴居阴位，意思是“天下人位正”，才会家庭和睦。由此可见，家中所有成员都摆正自己的位置，做自己该做的事，如此家庭就可长久和睦。再者，家人卦下卦离卦代表心，上卦巽卦之风自离出，也是自心出，所以心正了家风就正，这也是家庭安定稳固的重要因素。

第三十八卦　睽

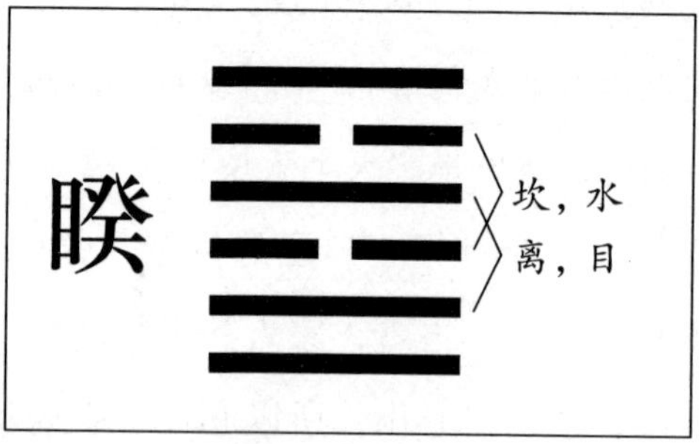

（图 2-65）

睽象奇，瞪双眼，为何事，泪涟涟，锅在下，位置反①。

译：睽卦卦象奇特，像瞪着双眼，还泪水涟涟，所谓何事？原来锅放在了火的下面，搞反了位置。

① 睽卦（图 2-65），离上兑下，火泽睽。离卦也代表眼睛。在睽卦中，上卦为离卦，二爻三爻四爻也组成离卦，因而像瞪着两个眼睛。睽卦的三爻至五爻构成坎卦，为水。下卦泽卦也是水，因此，睽卦看起来是瞪着双眼，还不停流眼泪。如此生气伤心，所为何事？睽的下卦兑上有开口，似一个锅。做饭本应将锅置于火上，现在离火在上，而锅在下，位置搞反了，所以睽卦才又哭

鼻子又瞪眼（图 2–66）。

（图 2–66）

与家人卦的和谐气氛不同，睽卦象征着矛盾。家人和谐是因为家中各个成员位置都正，而睽卦正好相反，除初九外，其余五爻都阴居阳位、阳居阴位，而初九与上卦九四还同性互斥，也有矛盾。和家人卦的道理一样，初九代表地，从二爻到六爻代表“地上人”，意思是地上人位不正则处尴尬境地。因此，睽卦从另一角度也说明人一旦摆不正自己的位置，不做自己该做的事，就会产生矛盾，不和谐。

第三十九卦　蹇

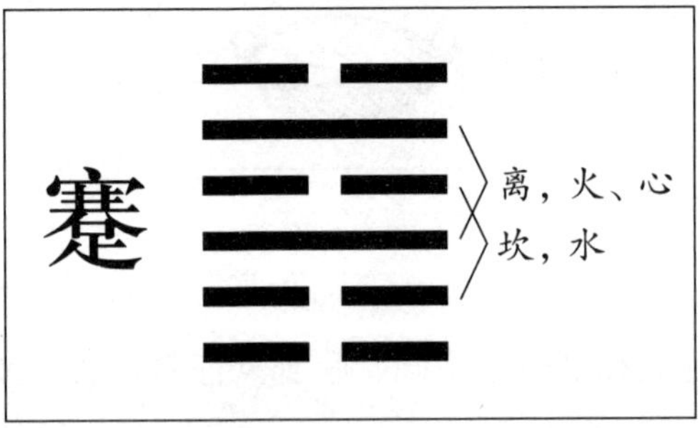

（图 2–67）

蹇出塞，万重山，河千条，举步艰[①]**，苦中乐，景无限**[②]。

译：蹇卦好比出走塞外，山重水复，举步维艰。然而如果能苦中作乐，心中光明，就能在艰难中领略风光无限。

① 蹇卦（图 2–67），坎上艮下，水山蹇。下卦艮卦为山，二爻三爻四爻组成坎卦为水，与上卦坎卦水相连，因而蹇卦的境地是山也重重水也重重，象征前途艰险（图 2–68）。

② 蹇卦中艮有止之意，坎代表险，人在蹇中见险而止，这个止除了表示停止，也隐含明智的意思。停止并非停滞不前，而是要停下来审视自己所处的艰难环境，调整心态，保持理智。这

（图 2-68）

是明智的。自下卦艮卦的主爻九三向上至九五组成离卦，离卦为火，代表心、光明、美德。因而，蹇卦启示人们只要心中有德，理智地对待蹇的境地，积极乐观，就会从艰难中看到光明，即使身处塞外也能领略到更胜江南的异域风光。

第四十卦　解

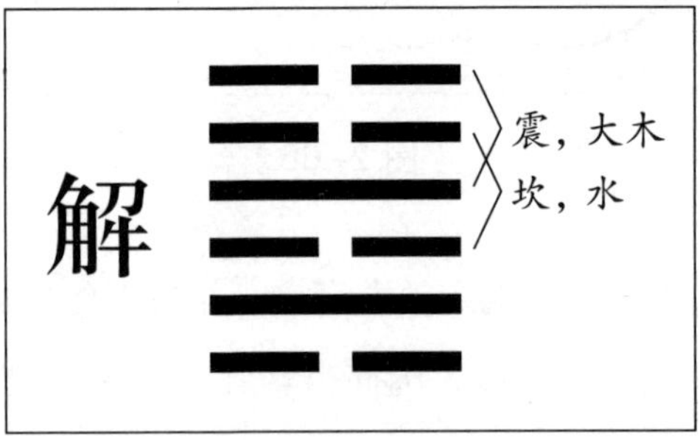

（图 2–69）

解旱情，得民意，雷鸣后，天大雨[1]**，震四方，航标立**[2]。

译：解象征旱情缓解。雷声大作，大雨倾盆，大地不再干旱，人们求雨的愿望实现。解卦也犹如在大海中树立航标，为航行指明方向。

① 解卦（图 2–69），震上坎下，雷水解。上卦震卦为雷，下卦坎卦为水，三爻至五爻又组成坎水卦，解卦卦象打雷又下雨，象征干旱解决（图 2–70）。因而解卦有解决问题的意思。孔子《彖传》曰："天地解，而雷雨作，雷雨作，而白果草木皆甲坼，解之时义大矣哉"。在先天八卦中，震卦代表春天。当春雷滚滚，

雨润大地之时，万物复苏，种子破壳发芽。所以解卦也有解脱束缚，放开手脚的意思。

（图 2–70）

② 上卦震卦为阳木，代表大而直的木材，下卦坎卦为水。大木立于水中像是海上的航标，为来往船只指明方向，这也是解之意。从蹇到解，是一个在艰难境地中从思考到行动的过程。蹇卦是遇险而止，理智分析思考所处环境。至解卦，下卦坎卦为险，上卦震卦为动，象征人在理智思考后放开手脚，行动起来冲出险境。

第四十一卦　损

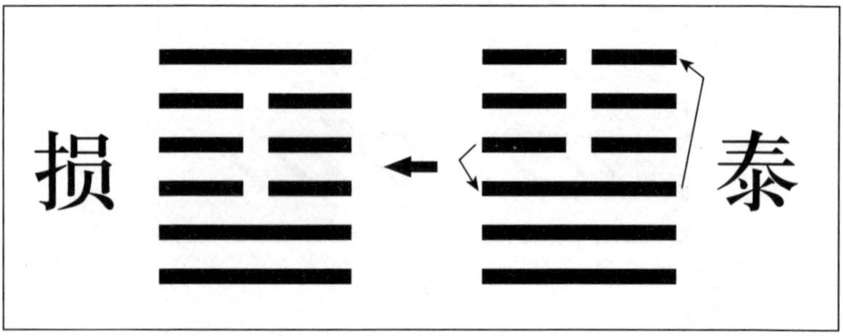

（图 2–71）

损自泰，钱上移，九三升，上六沉，民补君，祸来临[①]。

译： 损卦自泰卦演变而来。金钱从民间进入了皇室，位于泰卦的九三阳爻上升至上九，上六下降至三爻成六三。由此泰卦变成损卦。损卦象征减损人民的利益来补给君主，从而祸患来临。

① 损卦（图 2–71），艮上兑下，山泽损。上卦艮卦代表官，下卦兑卦代表民，阳爻代表金钱。九三到了上爻，说明这是金钱从民间到了官府或者皇室。这是违背富民政策的，所以叫损卦，损是百姓受损之意。卦中九二与六三、六四组成震卦，震为动，显示九二也有上升之象，如此一来，泰卦渐渐就要变否卦，灾祸不远矣。

第四十二卦　益

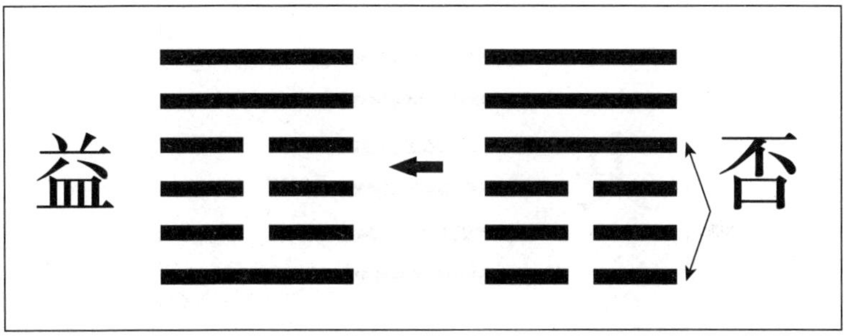

（图 2-72）

益警上，利下移，补百姓，破否局，走基层，官亲民[①]。

译：益卦的意义是警示上层。让利益下移，补充百姓的不足，才能打破否卦的局面，当领导就要多走基层，当官的要亲近人民群众。

① 益卦（图 2-72），巽上震下，风雷益。益卦由否卦演变而来。否卦乾上坤下，阴阳不交不通，所以成否。否之上九下到初位成初九，初六上升至上六，如此一来就打破了否卦的局面，成了益卦。益就是让百姓受益，和损卦相反。

第四十三卦　夬

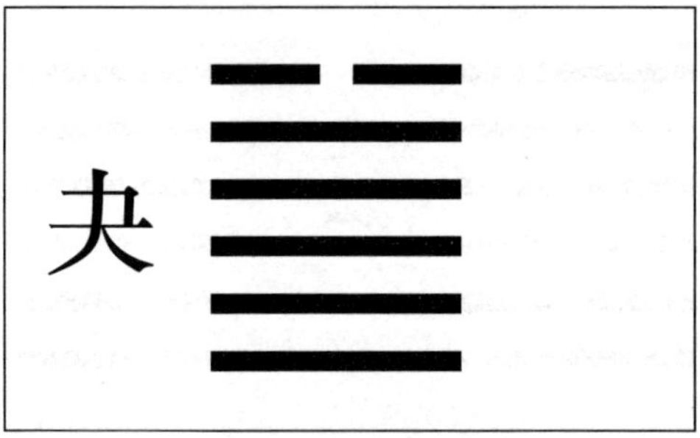

（图 2–73）

夬仰面，非长啸，非短叹，似大呼，象观天，孰能辨①？

译：夬卦好似一个人在仰着脸，不像在长啸，也不像在短叹，像是在大声呼叫，又像是在观察天象，谁能分辨清呢？

① 夬卦（图 2–73），兑上乾下，泽天夬。上卦兑卦为口，上六阴爻似口，下面五个阳爻为男人，一个男人张着大口，仰面朝天。

夬，通“决”，上卦兑卦为泽，下卦乾卦为天。泽水都涨到天上去了，堤坝肯定要决口了，因而夬有决断，折断之意。夬卦是大壮卦演变而来。大壮卦从初六又进一阳爻成夬卦。大壮因阳刚太壮已呈毁折之象，夬卦比大壮又进一阳爻，真的成了大壮卦中那只未拴住的羝羊，撞上藩篱折断了角(图 2-74)。俗话说“物壮易老”，世间没有绝对的一面，正如天地相对、日月相随，过刚则折，刚折则柔生。老子曾说：“善为士者不武，善战者不怒”。因而越是强者越是不要逞强，切记要以柔济刚，否则难逃毁折的命运。

(图 2-74)

第四十四卦　姤

（图 2–75）

姤为后，是皇后，此女子，胜五男[①]，旺夫者，国运添[②]。

译：姤卦像是一位皇后，这一个女子能胜过五个男人，如果这位皇后是个旺夫的女人，则能增添国家的大好运势。

① 姤卦（图 2–75），乾上巽下，天风姤。从姤这个字来看，就是女子为后，因而姤卦象征一个身为皇后的女人（图 2–76），初六是姤卦的主爻。姤卦是一阴生，初六阴爻从下生出，尽管向上有五个阳爻，但是阳退阴进的趋势已经出现。姤卦整体有一阴托五阳之象，因此说初六这个女子要胜过五个男人了。

（图 2–76）

② 上卦乾卦为君为天子，下卦巽卦为长女为风。从这个角度看，姤卦像是一个女子每天在给皇上吹枕边风。既然是这样，这股风怎么吹就非常关键。若姤是位贤良淑德、精明大气的皇后，这股风自然是吹得利国利民，助国运昌隆。这样的皇后首先让人想到的是清朝孝庄皇后。孝庄一介女子，从清朝开国到政局稳定，用她的智慧、眼光及卓越的政治才能辅佐了清朝三代皇帝，为康乾盛世奠定了基础。若一旦姤是褒姒、妲己之类，这枕边风必然是要祸国殃民了。

第四十五卦　萃

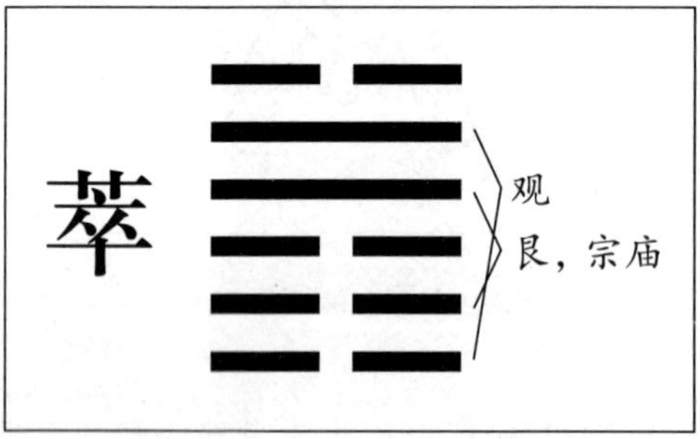

（图 2–77）

萃祭祀，用牛羊，大牲畜，最吉祥①，万民聚，看君王②。

译：萃卦像在祭祀。用牛羊等大牲畜祭祀最为吉祥。祭祀时人们都汇聚在一起，共同参加君王亲临的祭祀大典。

① 萃卦（图 2–77），兑上坤下，泽地萃。萃是荟萃、汇聚之意。萃卦二爻至四爻组成艮卦，艮有宗庙的意思，宗庙是祭祀的地方，也是人们自觉相聚的地方。上卦兑卦为羊，下卦坤卦代表牛。古代祭祀时用牛、羊这类大牲畜是最为隆重吉祥的（图 2–78）。

（图 2–78）

② 萃卦从初爻至五爻是一个观卦，因而萃卦同观卦一样，祭祀时人们都在关注着君王的一举一动。观下卦的一个阴爻上到六位，象征此时民众都汇聚在君王周围，因而成萃卦。

人们之所以汇聚宗庙，是因为君王在祭祀。萃卦以此象征民众的汇聚首先需要领导者的示范、引导。萃卦九五居上卦中位，阳爻居阳位，且与下卦坤卦之六二正应。这象征君主品行端正，与民众心意相通。因而想要凝聚人心，领导自身要正，且体察民意，如此才能让民众信服，才能形成心的凝聚力。

第四十六卦　升

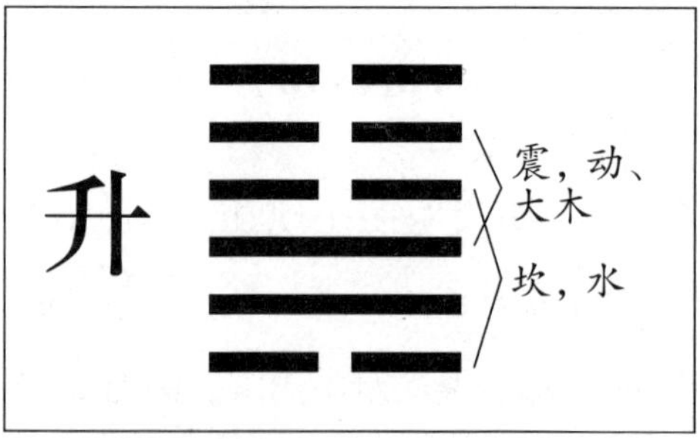

（图 2–79）

升地下，木植根，春风吹，破土临，细雨来，遍地芸[1]。

译：升卦象征草木在土地中生根，在春风细雨的滋润下，草木就要破土而出，遍地生发了。

① 升卦（图 2–79），坤上巽下，地风升。上卦坤卦为土，下卦巽卦为风、为阴木（即小木），巽卦九三与六四、六五组成震卦，震为动、为大木，初爻至四爻组成放大的坎卦，坎为水，所以升卦看起来像是在春风雨露的滋润下，草木在土中生根发芽，要长大了。

一方面，下卦巽卦是顺，上卦坤卦也是顺，草木是顺应自然规律而生长。到了春天有土壤和雨水的滋润，草木就会生根发芽，这是自然赋予草木的本性。另一方面，升卦以四个坤爻包住两个乾爻，坤为土、为大地，乾象征着运动的生命体，因而升卦看起来像是在泥土中播下了种子。坤爻中间通透，种子向下可生根，向上可发芽，松软的泥土为种子的生长提供了宽松的环境。农民在种植庄稼时也会刻意将土壤翻松，以利于种子发芽生长。草木如此，人也如此。不管是企业中员工的发展还是学校里学生的成长，都应以人为本。企业和学校给其提供必要的条件和自由发展的宽松空间，尊重每个人的个性和志愿来让其成长发展。

第四十七卦　困

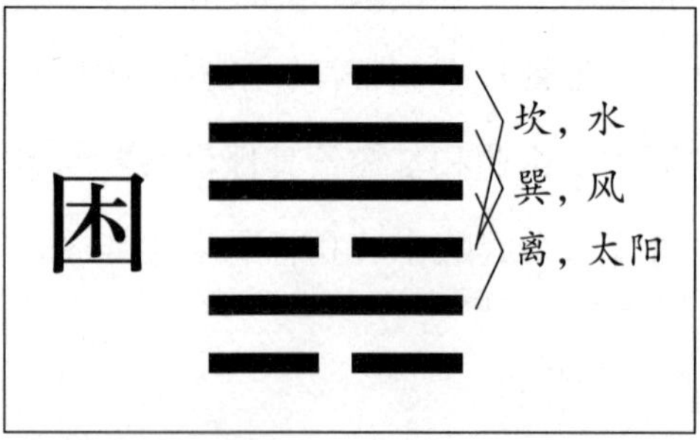

（图 2–80）

困于水，漂铁盆，风浪打，加雨淋①，人生短，志永存②。

译：困卦似一个铁盆漂在水上，风吹浪打，还有雨淋。人生虽然短暂，但人的志气精神却可永存。

① 困卦（图 2–80），兑上坎下，泽水困。下卦坎卦为水，上卦兑卦五行属金，上部开口，似一铁盆。三爻至五爻组成巽卦，三爻至六爻又组成放大坎卦。因而困卦看起来似有一个铁盆被困在水中漂着，此时风雨交加，铁盆随时有沉入水中的危险（图 2–81）。

（图 2–81）

② 那只困于水中风雨飘摇的铁盆终究难逃沉没的命运，就像人生不过短短数十载，终究难逃死亡。然而，困卦三阴三阳，有坎有离。在这局限的困中有天地乾坤，有离坎日月，有限中似又蕴藏无限。孔子《象传》曰："困而不失其所，亨，其为君子乎？'贞，大人吉'，以刚中也"。困卦九二阳爻居下卦坎卦之中位，九五阳爻居上卦兑卦之中位，这是孔子所说的"以刚中也"。刚爻居中，这是"困而不失其所"的含义，象征虽身陷困境，却能志向坚贞，矢志不渝，如此才能"亨"，这样的行为只有君子才能做到，所以是"大人吉"。苏武牧羊十九载而持节不屈，其顽强的毅力和不屈的气节千古永存。司马迁一生忍辱负重而终有鸿篇巨著《史记》流传至今。人生短暂终须一死，这是人生的困境，然而有志之士能坚定心志并为之不懈努力，必然能在有限的人生中实现无限。

第四十八卦　井

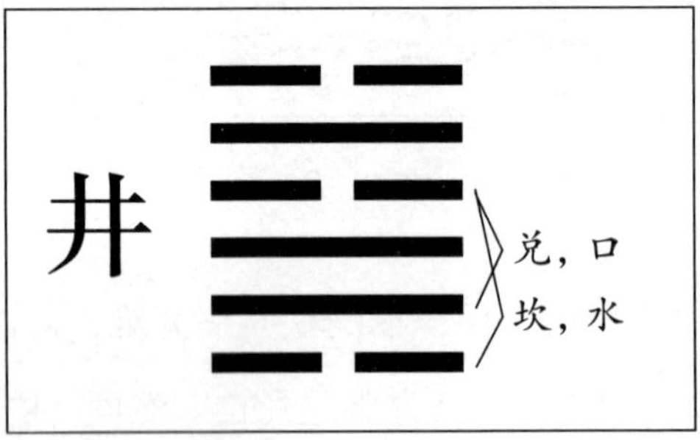

（图 2-82）

井蓄水，为养人，流不断①**，常淘新，淤泥生，不清纯**②**。**

译：井卦为井，井蓄水养人，井水长流不断。井需要常淘才能常新，否则井底淤泥生出，井水就不清纯了。

①井卦（图 2-82），坎上巽下，水风井。《易经》井卦卦辞曰："井，改邑不改井。无丧无得，往来井井"。井是稳定的，城镇变迁而井不随之变迁，虽然人们不断从井中取水，但井水不减少也不增加（图 2-83）。井卦的九二爻和九五爻分别居下卦和上卦的中位，刚爻居中，象征井的这种稳定。井卦初爻至四爻是一个放大的坎卦，同上卦的坎相连，象征井水源源不断，井水养人无穷

无尽。人们应从井中领悟并追求内心的平静恒定，学习井无私奉献的精神。

（图 2–83）

② 井卦的二爻至四爻组成兑卦，兑为口。人吃水用口，所以当井水到达兑卦以上，即九五的位置才是真正能吃的井水。《易经》卦辞曰："九五，井洌，寒泉食"。意思是九五之井水清凉甘甜，可以食用。初六在兑口之下，象征井底的淤泥，不可食用。九二、九三都没到达兑卦口的位置，象征井水较浅，或是井水污秽，也不能食用。九四虽在兑卦上部口处，但因兑卦有毁折之意，所以九四之井象征一口破损的井，需要修整。只有经历了这几个阶段的九五，才能成为养人的井。由此井卦启示人若要保持内心的平静，长久的坚持无私奉献，必须时常自我沉淀反省，不断提升自我修养，像井那样时常淘淘淤泥，修修井壁，以保持井水清纯。

第四十九卦　革

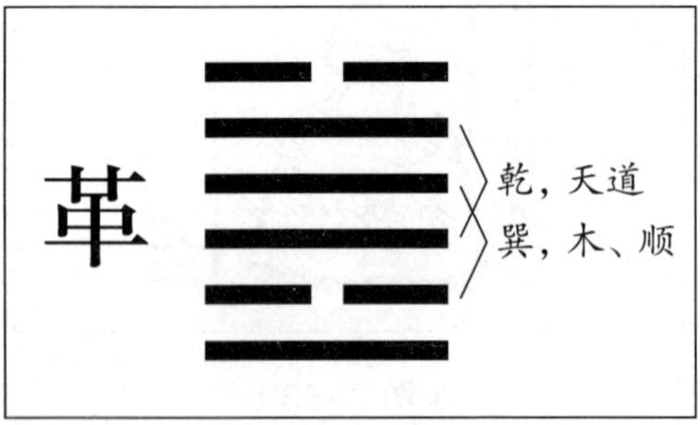

（图 2–84）

革创新，是根本，火焰上，罐中品，进为生，出已饪[1]。

译：革卦象征创新，创新是发展的根本。革卦像是在火上架着锅煮东西，放进去的东西是生的，煮出来的东西是已经烹饪好的熟的食物。

① 革卦（图 2–84），兑上离下，泽火革。下卦离卦为火，二爻至四爻组成巽卦，巽为风、为木，上卦兑卦上部开口且五行属金，好比一口锅。因而革卦整体是在火上架着锅煮饭，而且有柴、有风，火很旺。煮饭的时候放进去的食物是生的，等煮好了出了锅就是熟的（图 2–85）。

（图 2–85）

革卦中“火”是促成食物由生到熟的根本原因。离火象征文明、文化、科技等等。人类历史上第一次、第二次工业革命，欧洲的文艺复兴都是由于人类科技文化的发展推动而产生的。因此，革的根本原因在于人类科技、文明的进步。革卦中间四爻组成巽和乾，巽为顺，乾为天道即客观规律。所以革卦之革是顺应客观规律的革，就如四季的更替由自然规律决定，该改变的时候就改变。革也像煮饭，火候到了饭才能出锅，出锅早了饭不熟，出锅晚了饭又糊了。革是事物由量变飞跃到质变，这个飞跃的火候很关键。最后，革卦之上卦兑卦有喜悦之意，因而由科技文明的推动，顺应客观的革是让人喜悦的。

第五十卦　鼎

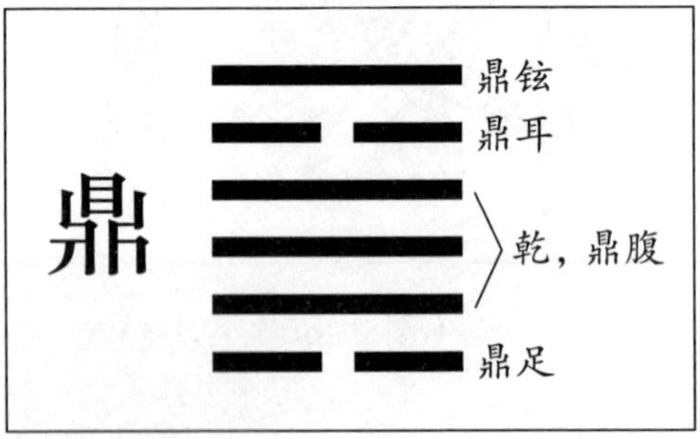

（图 2–86）

鼎风火，气呈旺，柴不断，炼成钢①，能佑主，国栋梁②。

译：鼎卦有风有火，风吹火旺，不断加柴，终于炼铁成钢。这样锻炼出来的人才，是能够保护君主的，是国家的栋梁。

① 鼎卦（图 2–86），离上巽下，火风鼎。上卦离卦为火，下卦巽卦为风、为木，风吹火旺，还有木柴在下燃烧，因而火势熊熊。鼎卦九二至九四组成乾卦，初爻至五爻组成放大的坎卦。坎为水，乾卦五行属金，所以乾好比一个铁块不断经过水火的淬炼，最终炼成一块钢，就是上九。

（图 2-87）

② 鼎在古代既是烹饪的器具，也是祭祀的礼器，因而古人对鼎非常看重，视鼎为立国的重器，为国家、政权的象征。传说夏禹就曾铸九鼎以象征九州，成语“问鼎中原”就用来比喻企图夺取天下。鼎卦卦象整体看来像一个鼎，初六是鼎足，中间的乾卦像是鼎腹，六五处上卦中位，正好在鼎耳的位置，代表鼎耳，上九是穿过鼎耳用来抬起鼎的鼎铉（图 2-87）。六五处鼎卦五之尊位，象征一国之君，上九鼎铉穿过鼎耳而将鼎抬起，所以说上九这块千锤百炼的钢是辅佐君王的栋梁之才。

第五十一卦　震

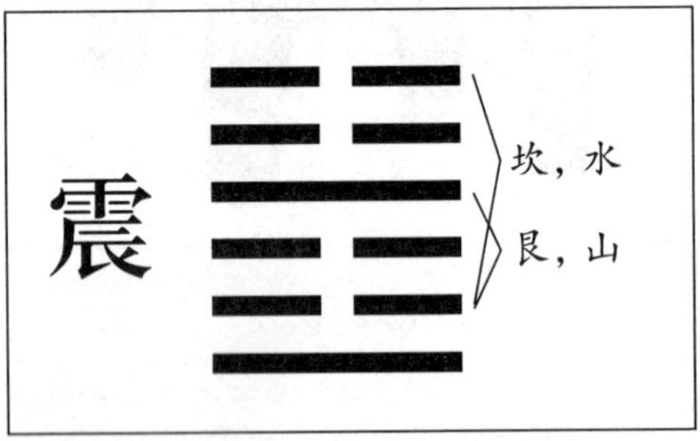

（图 2–88）

震发动，撼天地，山在摇，水四溢①，君临危，不畏惧②。

译： 震代表动，震一发动，撼天动地，山也摇晃，水也四处流动。身处这样的震动中，君子当临危不惧。

① 震卦（图 2–88），震上震下。震为雷为动，震卦二爻至四爻组成艮卦，艮为土为山，二爻至六爻组成放大的坎卦，坎为水。因而震卦一动，就是地动山摇，江河四溢。

② 单卦震是一阳复生，象征春雷，春天是万物生发的季节，因而震卦虽然地动山摇，但震是好事，万事万物都在震动中发展变化。震卦是两个震卦叠在一起，好比春去春又来，象征震的规

律性。《易经》震卦卦辞曰："震来虩虩，笑言哑哑。震惊百里，不丧匕鬯"。"虩虩"是恐惧之意，人在震动初来的时候感到恐惧。当又一拨的震动到来的时候，人们认识到了震动背后的规律、规则，所以后来能"笑言哑哑"。动是永恒的法则，唯一不变的就是变，唯一不动的就是动。有震动才会有变化、有发展。人如何在震中自处呢？《易经》卦辞曰："震惊百里，不丧匕鬯"。匕此处指汤匙，鬯是古代祭祀用的一种香酒。虽然雷震百里，但大祭司沉静自若没有因震动而丢掉祭祀的汤匙和香酒。由此，人应当正确看待环境的变化和人生的变动，在震动中修养自身，做到临危不惧、处变不惊，这样才能在震中发展前进。

第五十二卦　艮

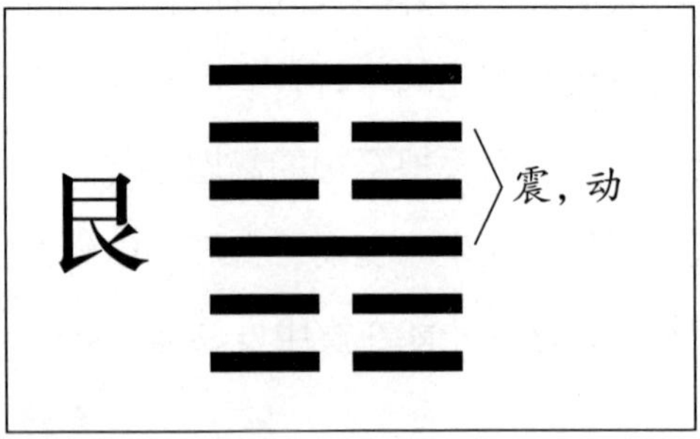

（图 2–89）

艮大山，紧相连，喻学习，无止境，为学进①，为道减②。

译：艮卦像两座大山紧紧相连，比喻学习永无止境。学习的时候每天都会感觉到在进步，但是如果用真理对照自己，就会把身上的很多东西丢掉或者放弃。

①艮卦（图 2–89），艮上艮下。艮为山，艮卦两艮相连，就像两座大山连在一起，艮为止为静。艮卦接震卦而来，震卦的阳爻从初位上到三位时就成了艮卦，象征物极必反，动极则止。然而静中又有动。艮卦的三爻至五爻组成震卦，为动、为足，在艮卦中的位置好似一个人已登上山的峰顶，发现前方一山更比一

山高。人们常说：“山外有山，人外有人”，因而学习是没有止境的（图 2–90）。在无止境的学习中，艮卦启示人们要震要动，勇于攀上一个又一个学术高峰。“为学进，为道减”一句，是老子“为学日益，为道日损”的引用。

（图 2–90）

第五十三卦　归妹

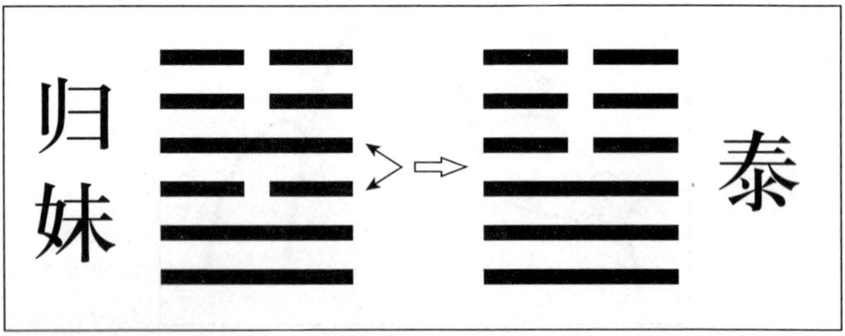

（图 2–91）

归妹急，少女归[1]**，三四交，泰卦临，欲永泰，全在人**[2]**。**

译：归妹卦象征急躁，少女急于出嫁。归妹卦的三爻四爻相交换就变成泰卦，因而想要长久安泰全在人。

① 归妹卦（图 2–91），震上兑下，雷泽归妹。归妹的意思是妹子出嫁。上卦震卦为长男，下卦兑卦为少女。在古代长男指已经结婚的男子，少女指还未成年的小女孩，因而少女和长男的搭配是不合理的（图 2–92）。少女急于出嫁却嫁了长男，在古代就是做妾，今天就是当小三。归妹卦以此来比喻做事操之过急。

（图 2-92）

② 卦中三位四位为人位。将归妹卦人位的六三与九四交换位置，归妹卦就变成了地天泰卦。变成泰卦后，泰卦的三爻四爻五爻组成震卦，震为动，即阳刚主动向上走与阴柔相交，象征男子主动求婚而不是女子急于出嫁，这样是合情合理的。因此人是长久安泰的关键。归妹卦由此启示人们做事应循序渐进，莫要急躁。

第五十四卦　渐

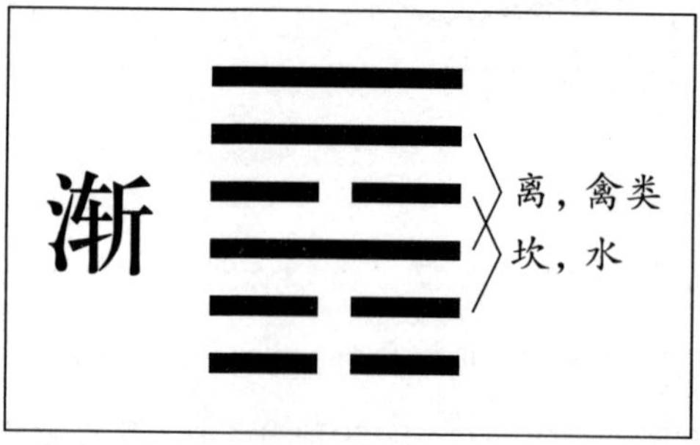

（图 2-93）

渐风山，木生巅，飞鸟来，栖树间，环境美，是关键[①]。

译： 渐卦有如风吹过山上，树木生长在山峰之巅，有鸟飞来栖息在树间，环境优美是关键因素。

① 渐卦（图 2-93），巽上艮下，风山渐。下卦艮卦为山，上卦巽卦为风为木，二爻至四爻组成坎卦为水，三爻至五爻组成离卦象征禽类。整个卦象有山有水有树，微风轻抚树梢，鸟儿栖息枝头，渐卦展示了一幅环境优美和谐的风景画（图 2-94）。

（图 2–94）

渐卦由否卦而来。否之所以为否是因为天地不交，阴阳不通。否卦的六三与九四互换位置成为渐卦，阳下而阴上，天地渐渐相交，天地交而万物生，山泉流淌，树木生长，山清水秀，良禽来此栖息。卦中下面两个阴爻代表地，上面两个阳爻代表天，中间的三爻四爻就是人类、动物、植物所生存的环境。三爻四爻一变，卦象由否变渐，因而渐卦在当代揭示了环境的重要性。并且，三爻四爻是人位，三爻四爻的改变也象征着人的改变，因而渐卦启示人对环境有着巨大的影响，人们应积极地保护环境，改变自身不健康不环保的生存模式，还自己一个优美和谐的地球。

第五十五卦　丰

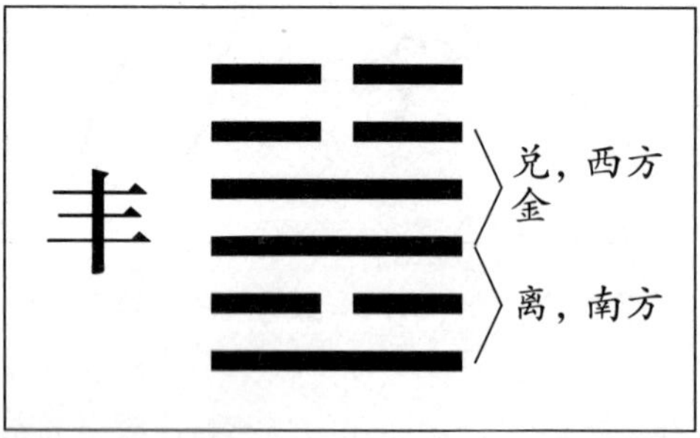

（图 2-95）

丰硕果，说雷火，龙图治，虎辅佐①，闪电间，黄金锁②。

译：丰卦代表丰收，硕果累累，雷火为丰。丰卦中有青龙治理天下，有白虎从旁辅佐。电闪雷鸣之间，黄金白银等财富就信手拈来了。

① 丰卦（图 2-95），震上离下，雷火丰。下卦离卦为火，代表夏天，三爻至五爻为兑卦属金，代表秋天，上卦震卦为动。丰卦由夏入秋，正是丰收的季节，所以卦名为丰。同时，下卦离卦为太阳，为南方；上卦震卦为东方，为青龙；三爻至五爻组成兑卦，代表西方，为白虎。由此，丰卦描绘了一幅很有气势的图

画：日上中天的正午时分，青龙盘旋于天上，白虎威严在侧，象征着帝王励精图治，文武群臣从旁辅佐。

② 内卦（下卦）离卦代表闪电为明，外卦（上卦）震卦代表雷为动，中间三爻至五爻组成的兑卦五行属金，代表金钱财富已在掌握之中。丰卦非常典型地体现了《易经》的辩证思维。一方面，丰虽名为丰，却三阴三阳，阴阳相等，虽丰而不过。另一方面，正午时分的太阳虽最为耀眼，但其动的趋势却是西沉，日落西山就不能为丰了。因此，丰卦警示人们日中的状态才是丰，凡事当保持中正，不可过，过则不丰。

第五十六卦　旅

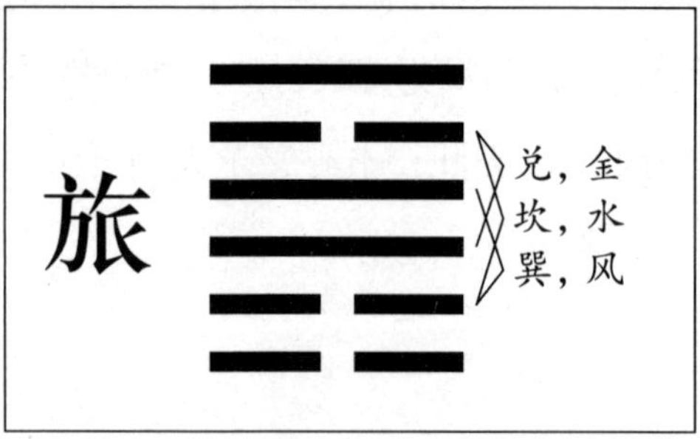

（图 2–96）

旅非游，君莫嫌[①]**，公堂上，镜高悬，吃得苦，做清官**[②]**。**

译：旅卦并非像现在的旅游般逍遥自在，君子莫要嫌弃旅的清苦。旅卦卦象有如公堂之上明镜高悬，当官要当清官，要吃得苦。

①旅卦（图 2–96），离上艮下，火山旅。古人之旅非常辛苦，并非像现代人的旅游坐飞机住酒店那么舒服自在。旅卦下卦艮卦为山，上卦离卦为太阳，二爻至四爻组成巽卦代表风，二爻至五爻组成大坎卦代表水，因而旅卦之旅跋山涉水、风吹日晒，十分清苦。

（图 2–97）

② 旅下卦艮卦有门的含义，两个阴爻似两扇大门，最上面的阳爻似门楣。上卦离卦为火为明，三爻至五爻组成兑卦，五行属金。古人用铜镜，且传说将铜镜置于门楣之上可以照出世间魑魅魍魉的丑恶之人，故衙门公堂之上常挂着“明镜高悬”的牌匾，以此象征为官者判案公正执法严明，让世间丑恶无所遁形（图 2–97），因此文中写旅卦“公堂上，镜高悬”。旅卦以此启示为官者要当一个英明公正的好官，并且要像旅的清苦那样廉洁奉公。

第五十七卦　巽

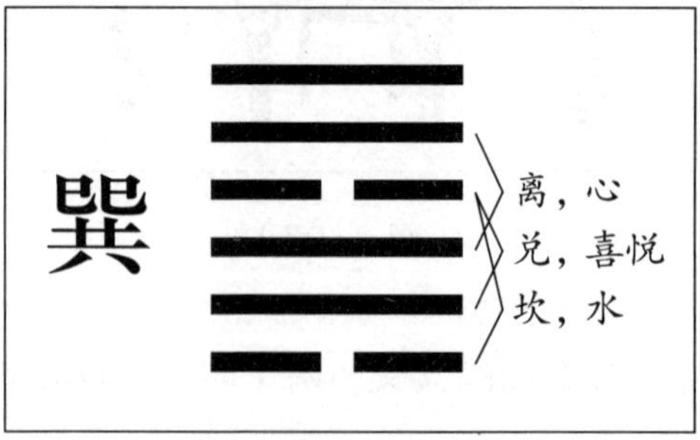

（图 2–98）

巽有顺，要净根①**，先有坎，后悦心**②**，政令行，在民本**③。

译：巽卦有顺从、顺服之意，想要人们顺服，就要洁净根本，像水洗那样涤荡清洁人心，而后人们才能心悦诚服地顺从。政令畅通与否，取决于能否符合百姓的意愿，能否以民为本。

① 巽卦（图 2–98），巽上巽下。巽五行属木，为阴木，多代表藤蔓类枝叶柔软的植物，所以巽有柔顺之意。藤蔓类植物的生长大多需要充足的水分，而巽卦的初爻至四爻组成坎卦，像是一株巽木生长在坎水中，坎水缓缓流动，使巽木的根部保持洁净（图 2–99）。

（图 2-99）

②巽是倒过来的兑卦，兑口朝上，代表嘴巴象征说话，巽是口朝下，像是天上下来两张嘴在朝下说话，就像领导者在重复申明政令，让下面的人服从。而要想使人们顺从，首先领导者所发的政令要像水一样能涤荡人的心灵，巽也为风，因而政令也要像风一样无孔不入，彻底地洗净人的心灵，这样人们才能心悦诚服地顺从（二爻至四爻组成兑卦有喜悦之意，三爻至五爻组成离卦为心）。

③巽卦阴爻在下，两个阳爻在上，因而巽卦之顺是柔小顺从刚大，与此同时，柔小也承托起刚大。并且，巽卦的九二和九五分别位于下卦和上卦的中位，阳爻居中且正。由此，巽卦启示领导者当时刻谨记人民是顺从的主体和根本，领导者的政令当尊重民众，以人为本，并且，政令应当是刚性的正确的。

第五十八卦　兑

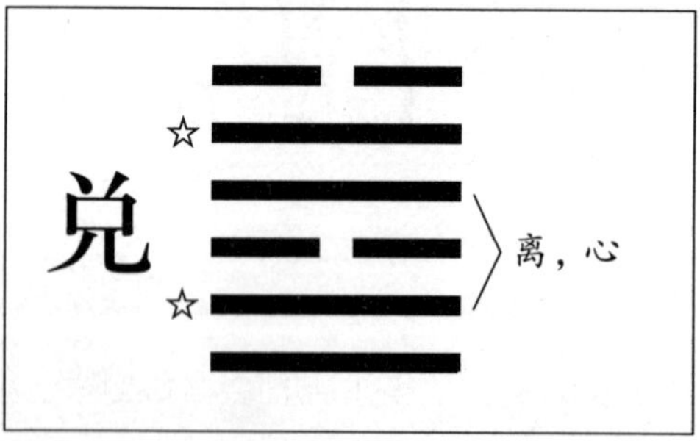

（图 2–100）

兑双口，重交流，心相通[①]，言必信，有诚意，友谊真[②]。

译：兑卦卦象是两个口，在说话交流。朋友间应当心意相通，言而有信，满怀诚意，这才是真正的友谊。

① 兑卦（图 2–100），兑上兑下。兑卦是两个单卦兑叠在一起，兑为口，代表说话。因而兑卦像是两个人在说话。与巽卦象征的领导者发布政令不同，兑卦象征的是朋友之间平等的交流。兑卦的二爻至四爻组成离卦，将上下两个兑联在一起，象征通过语言的交流达到心灵的相通（图 2–101）。

（图 2–101）

② 兑卦的九五和九二分别居上下卦的中位，刚爻居中，象征志在心中，诚实可靠。又因兑本身代表说，因此也象征言而有信。《易经》中对九二和九五的卦辞解说都有“孚”字。九二是“孚兑”，九五是“孚于剥”。孚，信也。由此，兑卦启示人与人之间的交流应当是发自内心、以诚待人，这样才能交到真正的朋友。

第五十九卦　涣

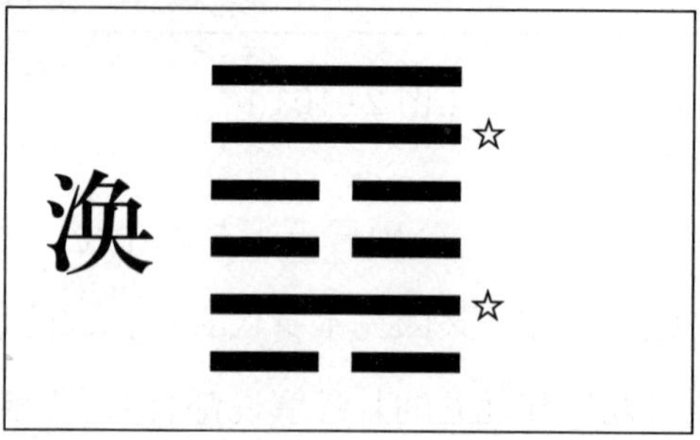

（图 2-102）

涣为散，起波澜，大水中，乘大船[1]**，横流时，本色显**[2]。

译： 涣有涣散的意思，大风刮过水面，掀起阵阵波澜。涣卦好似人在一片广阔的水域中乘着大船，风吹浪起，大水横流时方显英雄本色。

① 涣卦（图 2-102），巽上坎下，风水涣。上卦巽卦为风，下卦坎卦为水，因而风生水起，水势浩大，故卦名曰涣。同时巽五行属木，木行水上，所以涣又好似一艘大船行驶在一片广阔的水域中。

（图 2–103）

② 从卦象上看，大风一起，波浪滚滚，船在这样的水里行驶，必然是摇摇摆摆，像是随时都要沉没，这是涣卦所象征的涣散的景象。然而涣卦的九二和九五两个阳爻分别位于上下卦的中位，这表明涣虽然表面涣散，但涣中自有其坚定的核心不散，此为“本色显”（图 2–103）。涣卦启示人们应当涣身而不涣心，始终保持内心意志的坚定。在管理中，领导者在给了下属充分发挥的自由的同时，应时刻注意人心当凝聚，不能涣散。

第六十卦　节

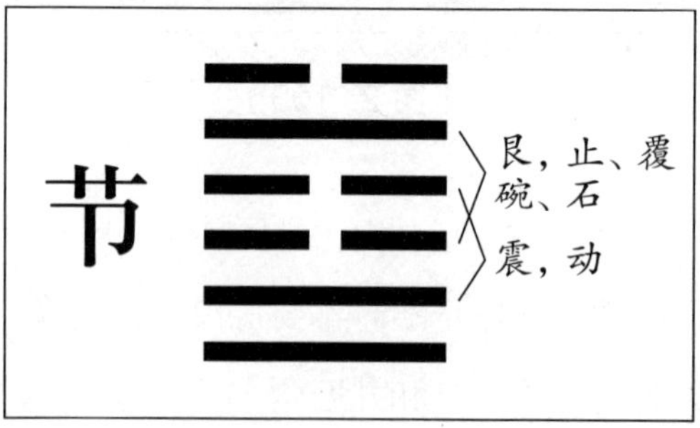

（图 2–104）

节有序，慢慢滴，莫急躁，有条理，一缸水，碗来取①。

译：节卦代表节制，这种节制是有序的有条理的节制，不是急躁过分的节制。节卦好像是水在慢慢滴，也像是有一缸水，用碗慢慢取用，而不是一下子都用掉。

① 节卦（图 2–104），坎上兑下，水泽节。上卦坎卦为水，下卦兑卦为泽。水已经在泽之上了，如果此时不控制水势就会漫过河堤造成水灾，所以本卦为节，象征节制。节卦中三爻至五爻组成艮卦，艮代表止，代表石头，下卦兑上部开口似一个蓄水的缸。砂石可以过滤并减缓水流的速度，所以节卦像是水通过砂石

的过滤慢慢滴入罐中。另外，艮的卦象也是一个倒扣的碗，坎在兑的上方代表水缸中已盛满水，但这时仍应节制，用艮之碗来取水使用（图 2–105）。节卦的以上两个卦象都启示人们应注意节制、节约。

（图 2–105）

然而节卦之节并非是一味的节制、节省。节卦中九二至六四组成震卦，震为动，代表虽然节制，但不是不用和不做，该使用该做的事还是要去做。至九五是互卦艮的主爻，代表止，象征该止的时候要能够节制和控制。由此，节卦启示当行则行，当止则止，人们应对自己的行为用度进行恰当的节制。

第六十一卦　中孚

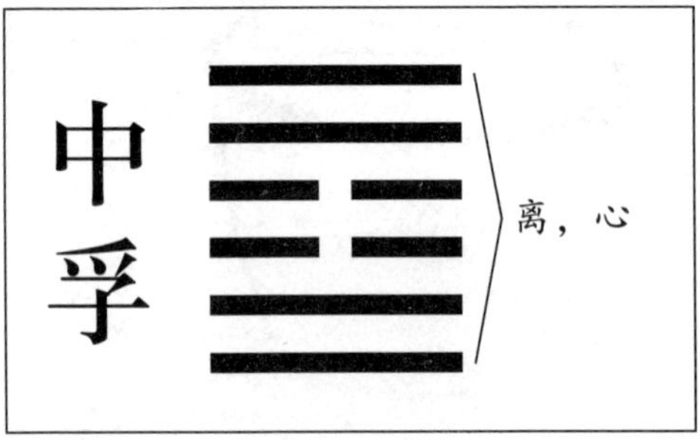

（图 2–106）

中孚命，装百姓[①]**，谁为佛？在底层，国为魂，民为灵**[②]**。**

译：中孚卦的使命是启示君子心中应装着老百姓，心中有孚即是心中有佛，真正的佛是国家底层的人民群众。如果国家是魂，那么人民就是灵，一个国家因为有了人民才有了灵魂，才有了精神。

① 中孚卦（图 2–106），巽上兑下，风泽中孚。中孚卦是一个放大的离卦，离代表心。卦中以四个刚爻包裹两个柔爻，柔爻是坤爻，乾为天象征为官者，坤为地代表人民群众。中孚卦以此象征为官者心中装着天下百姓（图 2–107）。九五和九二分别位

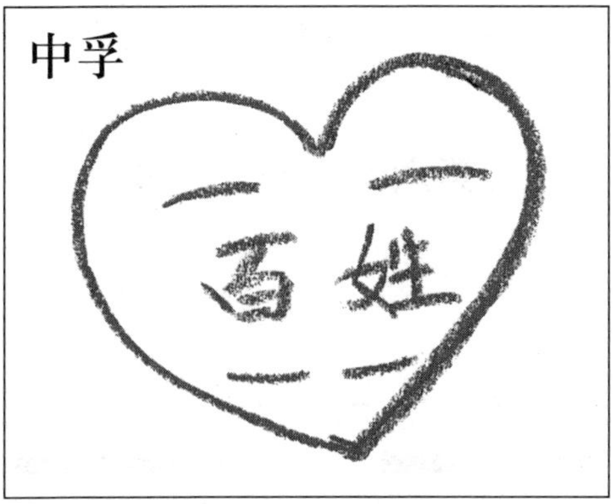

（图 2–107）

于上卦和下卦的中位，实爻居中位，是“中实”，象征为官者能坚守中道，忠实于民众。孔子《彖传》曰：“中孚，柔在内而刚得中，兑而巽，孚乃化邦也。”其意思就是民众因此喜悦而顺从，因而中孚能感化国民振兴国邦。

② 佛家讲“心中有佛”，“佛”与“孚”谐音。中孚卦心中之“佛”是两个坤爻，即人民群众，所以执政为民，对人民忠诚应当是为官者心中的“佛”。中孚整体是一个放大的离卦，离卦为火，象征文化、文明，象征精神层面。坤爻所代表的人民是处在中孚这个大离的中心，因而人民是国家之灵。只有国家的人民有了精神，有了灵魂，这个国家才有精气神。

第六十二卦　小过

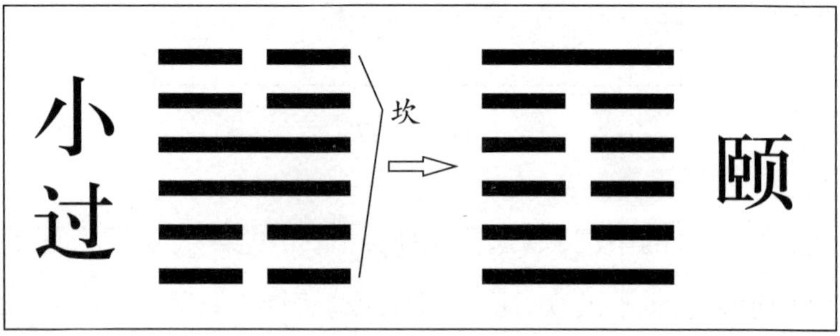

（图 2–108）

小过卦，心太满，不谦虚，必有坎①，换位后，笑开颜②。

译：小过卦之所以为小过，是因为心中太满，不谦虚，这样必然会遭遇险境困境。此时应换位思考，才能展露笑颜。

① 小过卦（图 2–108），震上艮下，雷山小过。小过卦与中孚卦正好相反。中孚中间是虚爻，而小过中间是实爻。从小过的卦象可以看出其表达的意思是中心太满。一个人心中过于自满就必然不谦虚。小过卦整体是一个放大的坎卦，为陷为险，因而小过卦启示人自满就容易陷入坎那样的困境。

② 从另一个角度看，小过卦的中心太满也象征人心中承载

执着了太多的东西。放不下过去，就无法坦然面对现在；放不下狭隘，就无法拥有宽和的心态；放不下痛苦，就无法生活得快乐；放不下失败，就无法开启成功的未来。人生像一个容器，随着岁月的增长，人生的容器越来越满，如果不放下一些东西，人生将永远执着于过去，无法接受新的明天。因此，由小过卦，人们应放松打开自己的心，尝试放下，尝试换位思考。当雷山小过的上下卦换位之后就成了山雷颐卦，换位之后心中大不同，立刻展现颐一样的笑颜。

第六十三卦　既济

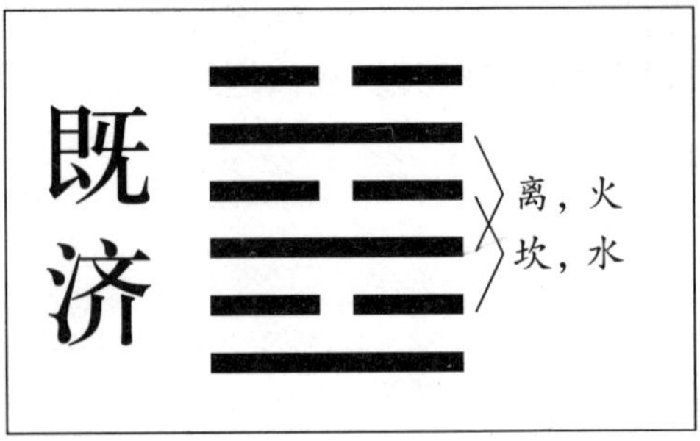

（图 2–109）

既济运，大平安，阴阳位，各在天①，安思危，预防患②。

译：既济卦象征是事情解决，天下大平安，既济卦六爻全部顺应天道，阴阳当位，但是平安之际也要居安思危，预防一切隐患。

①既济卦（图2–109），坎上离下，水火既济。上卦坎卦为水，下卦离卦为火，水性向下能熄灭火焰，火性向上能烧热水，水火虽不相容却能相济。因而水火既济象征事情已经完成。既济卦六爻三阴三阳，阴阳相等，而且六爻全部当位，即阴爻处阴位，阳爻处阳位，看起来相当完美。所以既济象征着阴阳的平衡和统一。

② 水火既济，既济中又藏水火。卦中二爻至四爻组成坎卦，三爻至五爻组成离卦，卦中包含了两重水火相济的关系，即水火相济后火又生，水火又相济。既济以此表明了事物是一个不断运动变化的过程，一个问题解决之后接着又会有新的问题产生，事物就是在这样不断地解决、产生、解决、产生中运动发展的。是故孔子《象传》曰："水在火上，既济；君子以思患而预防之"。既济卦启示在问题解决，看似一切太平的时候，人们应意识到新的问题又会产生，居安思危，淡定看待成败。

第六十四卦　未济

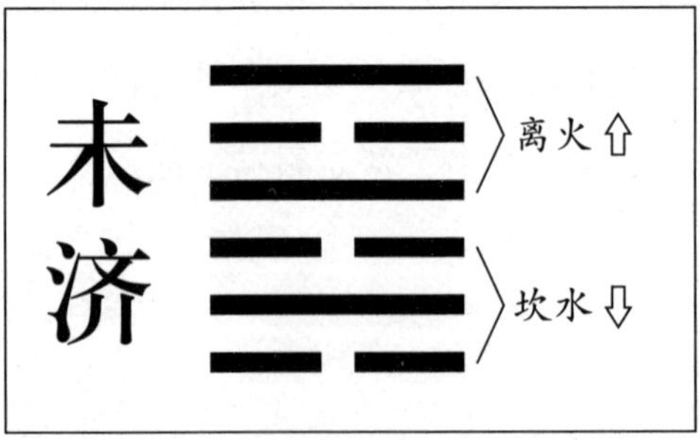

（图 2–110）

未济返，阴阳颠，火在上，水在下，难相融，不相干[①]。

译：未济卦又返回了矛盾对立的状态，阴阳颠倒，火在上，水在下，水火难融，互不相干。

① 未济卦（图 2–110），离上坎下，火水未济。未济上卦离卦至火性向上，下卦坎卦之水性向下，二者互相背离，既不能相容也不能相济，是以卦名未济。并且尽管卦中也是三阴三阳，但全是阴处阳位，阳处阴位，都不当位。因此未济卦象征矛盾的对立状态，象征问题未能解决。

至此，《易经》的六十四卦结束。《易经》以未济卦作为六十四卦的结尾而非既济卦，颇有深意。一切事物都是运动变化发展的，既济只是事物运动中一个阶段的完成，并非运动的终点，而未济这种开放式的状态才代表了事物永久运动变化的本性，这即是《易经》之“易”的深刻含义。

天下事，重来演，古到今，皆循环，时空大，说不完。

译：天下之事，从古至今，都是遵循着客观规律螺旋式地运动发展，时空之大，包罗万象，无法一一说完。

说易难，说易繁，识卦象，知数变，明六位，宇宙简。

译：都说易经难、易经繁，其实只要认识了卦象，知道数的变化，明白六个爻位，宇宙的道理就很简单。

附一：从河图到洛书的演变

从河图到洛书的演变一直是学术界争论不休的话题，在此我也阐述一下我的观点，以供参考。

我们先来看看河图（图 3–1）：

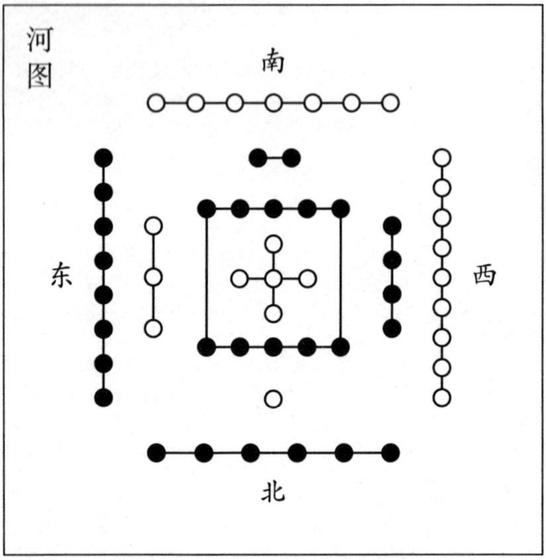

（图 3–1）

河图变成数字形式，配五行图，按照五行生克原理，金生水、水生木、木生火，然后火克金，这个相生的循环在西南位置无法进行下去，这就是死门，由此发现相生遇死（图 3–2）：

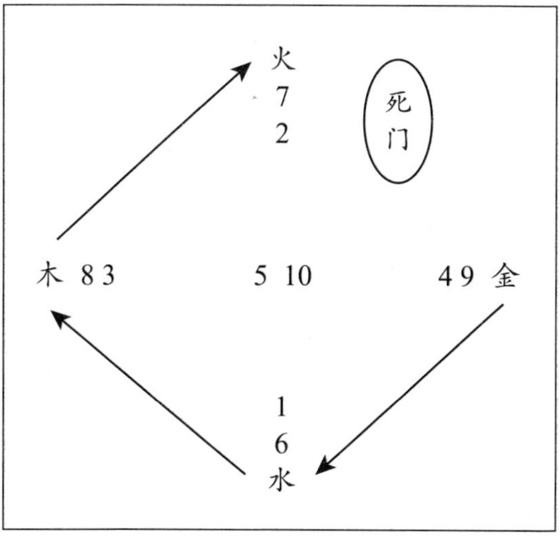

（图 3–2）

依据《易经》中“穷则变，变则通”的原理，我们把金（4 9）和火（2 7）换位，看看，它们如果相克会是什么结果：水克火、火克金、金克木，而水又生木，这个相克的循环在东北角遇到水生木，这就是生门（图 3–3）。

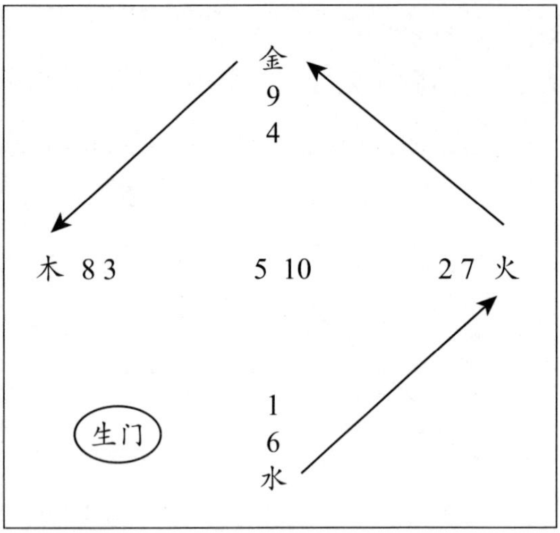

（图 3–3）

哎呀！此时，我们豁然开朗，原来孟子的“生于忧患，死于安乐”源于此。

先天是相生图，后天必须按照这种相克图方式运用才能安全无事。

随着人们认识水平和实践能力的提高，在自然方位和阴阳运用方面都产生了飞跃。例如，男女的分工，四方和八方的确立等等。这个时候，我们的古先贤们按照阳居正，阴居隅的观念，让代表阴的偶数 2、4、6、8 在原来的位置逆转 45 度，成为图 3–4（5、10 居中略）：

天下阴阳有别，阳居正阴居隅所以阴逆转45度居隅

4	9	2
3		7
8	1	6

（图 3–4）

同时，我们的古先贤越来越知道谦虚的重要意义，所以他们抛却了大成之满数 10，最终成为我们今天使用的洛书（图 3–5）：

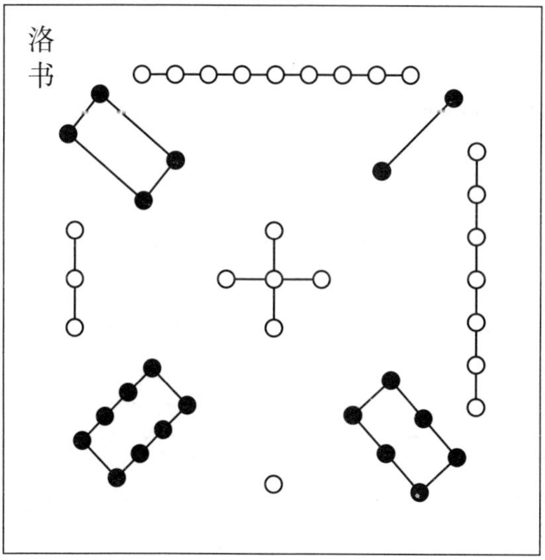

（图 3–5）

写成数字形式（图 3-6）：

4	9	2
3	5	7
8	1	6

（图 3-6）

这就是从河图到洛书的演变过程，复原简单，发现和创造不知经过了几千年。

附二：先天八卦到后天八卦的演变

书中已经说到先天八卦主要是按照四季变化顺序排列的（图3–7）：乾阳属夏至，坤阴属冬至，立春雷解冻，立秋风衰叶，春分杨开泰，秋分水变凉，立夏水成泽，立冬储满仓。

先天八卦图

（图 3–7）

首先，天地分开、万物生成之后，代表天地的乾坤两卦位置让给了人类文明开始的火（离卦）与生命依存的水（坎卦）；

其次，震卦为初阳，代表日出，居东；

第三，兑卦为阳没，代表日落，居西；

第四，艮卦为山，为土，为止。居东北方。原因是：

1. 水生木必须依靠土，在水与木之间；

2. 东方为一天的开始，也是太阳升起的地方，东北为太阳一昼夜中运行的最后一站，既为止，同时也为始；

第五，按照八卦的方位、五行分类和生克原理，就可以排出后天八卦图（图 3–8）：

（图 3–8）

这样，按照太阳一昼夜的运行轨迹，以及八卦五行生克原理，八卦顺序从东方开始，分别是：

震（木，东方）——巽（木，东南方）生——离（火，南方）生——坤（土，西南方）生——兑（金，西方）——乾（金，西北方）生——坎（水，北方）——止于艮（土，东北方）

時空大說不完說易難說易繫
識卦象知數變明六位宇宙間
右錄張樹旗之三字易經
甲午年庚午月乙未日
林瑩書
林瑩

不謙虛必有坎換位後究開顔
既濟運大平安渡長江揚雲帆
安思危預防患未濟返陰陽巔
火在上水在下難相融不相干
天下事重來演古到今皆迴圜

友誼真淡為散起波瀾大水中
乘大船橫流時本色顯節有序
慢慢滴莫急躁有條理一缸水
碗來取中孚命裝百姓誰為佛
在底層國為靈小過卦心太滿

虎輔佑閃電間黄金鎖旅非游
君莫嫌公堂上鏡高懸吃得苦
做清官選有順要静根先有坎
後悦心東南方留民本究雙口
爽雅音心相通言必信有誠意

繁相連喻學習無心境為學進
為道識歸妹美看人位三四爻
泰卦臨欲永泰全在人漸風山
木生巔飛鳥來棲樹閒環境美
是關鍵豐碩果說雷火龍圖志

不清純革創新是根本火焰上
鑵中品進為生出已飪鼎風火
氣呈旺紫不斷煉成鋼能佑主
國棟梁震發動撼天地山在擺
水四溢君臨危不畏懼艮大山

最吉祥萬民聚看君王升地下
木植根春風吹破土臨細雨來
遍地芸園於水漂鐵盒風浪打
加雨淋險在前需謹慎井蓄水
為養人流不斷常淘新淤泥生

初六提九四下破否局走基層
宮觀民夬仰面非長嘯非短歎
似大呼象觀天孰能辨姤為後
是皇后此女子勝五男旺夫者
國運添革祭祀用牛羊大牲畜

位置及邊出塞萬重山河千條
舉步艱苦中樂景無限解旱情
渴民意雷鳴後天大雨震四方
航標立損自泰人任移九三升
六四況民補君福來臨益壽上

雨露滋潤萬物福永遠明表扑
與晉反日落下不見天黑暗中
實力潛家人和沐春風寒夜裡
有溫暖男女貞永相安瞪象奇
瞪雙眼為何事淚漣漣鍋在下

風雷走夫唱歌婦拍手內外別
到白頭遁在山有遺篇說元龍
依時斷激流退美名傳大壯猛
種羊栓牛長大不讓牽強不中
羝觸藩晉日出地平線陽光下

君子險坎重坎水漣漣去上下

露笑臉困境中不悲觀離爲日

雙日現明治國公平顯必昌盛

大通天鹹下經凝少男求偶配

跪人前感少女婚姻連恒長久

依君顧謀事前找本源大畜德
涵養高平天下是英豪天外山
有節操頤為養要强健欲養身
心地寬首養性善為先大過卦
似只船常在舟揺不斷小人陷

貴似面人重臉每天洗脩完善
德治國譽滿天刹是時防邪侵
立身至天下險脩本根復元始
地中當乾初交布祥雲冰雪化
春水臨無妄為尚無為承天意

久不蕩滌自身心胸暢臨下沉
深紮根近年民得人心知真情
長智慧觀是管用祭祀一統天
做榜樣行示範噬嗑法有威嚴
抓要害牛鼻牽繫不貸保民安

甘居下不顯山古今誇低調行
事業大娛樂享載譽滿位不正
上下瞞讒君王眾人煩隨自然
識時務人位變方為享知活絡
萬事遍蠱卦象安現狀如器皿

正作風否泰及不祥瑞陽上引

陰下沉失交通脫離中同人道

在大同非山頭非同宗懷天下

路子正大有成在品行貴不驕

重百姓日中天有光明謙德高

親鄰里同發展大國立小畜卦
講文化飄彩雲美天下揚善德
成大家履為禮道鞋起千里行
足下起不知禮何以立泰長安
天地交陰陽交上下通順民意

喻人欲登難平推史進財有道
正路取訟乃爭為財色呼正道
要法律利與義要統一師為戰
戰必律懂兵法布大局師當先
永披靡比為和水潤地愛民眾

再騰飛坤利貞順承乾懷八方
容古今功蓋世已不欲屯初生
多磨礪破厚土涉山水要成長
靠自己蒙教育在母儀尊個性
多啟迪指迷津開智力需求雨

巽屬木東南方色為綠周文王
拘羑裡疊單卦成複卦六十四
卦相襲六爻卦更詳細識上下
知用體通變化合實際乾元亨
萬物始初潛龍性莫急時機到

離為火離中女離為爇正南方
紅色裡坎中滿坎為水坎中男
坎為曲正北方色為漆兑上缺
兑為澤兑少女兑為口正西方
首飾金巽下斷巽為風巽長女

西北方色白金坤六斷坤為地
坤為母坤為順西南方黃土地
震仰盂震為雷震為動東方木
陽升起艮覆碗艮為山艮少男
艮為心東北方土性依離中虛

古伏羲觀天地繪河圖演太極
畫八卦文明啟實為陽虛為陰
成三才天人地類萬物涵數理
乾三連乾為天乾為父乾為剛